Alfred L. Rosteck

Gesammelte Gedichte
Band 2

Alfred L. Rosteck

Gesammelte Gedichte

Band 2

Bibliografische Information der Deutschen Nationalbibliothek
Die Deutsche Nationalbibliothek verzeichnet diese Publikation in der Deutschen Nationalbibliografie; detaillierte bibliografische Daten sind im Internet über http://dnb.d-nb.de abrufbar.

www.alfredrosteck.com

© 2017 Alfred L. Rosteck
Umschlagentwurf: Alfred L. Rosteck

Herstellung und Verlag:
BoD - Books on Demand, Norderstedt

ISBN 978-3-7431-6587-8

Inhalt

Vorwort 13

Buch 1 Eine Insel in der Zeit 15
  Nach den Bergen 17
  Glückseligkeit 18
  Der Hoffnung Grün 19
  Umkehr 20
  Lasst uns lustig sein 21
  Hitze 22
  Jubelton 23
  Spätes Bedauern 24
  Eine Insel in der Zeit 25
  Erkenntnis 26
  Herbstzeitlose 27
  Unersättlichkeit 28
  Hab dich vergessen! 29
  Bild des Lebens 30
  Das ewige Prinzip 31
  Jenseits des Tales 32
  Mode 33
  Verlorene Spuren 34
  Wahrheit oder Schein 35
  Walzer 36
  Erfüllter Wunsch 37
  Die Elfe 38
  Licht 40
  Ziel 41
  Kreis des Lebens 42
  Reizendes Geheimnis 43
  Champagnerliebe 44

Wo ist das Wort	45
Der Mond	46
Spiegelbild	47
Unsterblichkeit	48
Wege	49
Seelenweben	50
Weisheit	52
Dunkelzeit	53
ohne-worte-ort	54
Rückkehr	55
von ferne ein licht	58
Sein und Wollen	59
Spätes Silvester	60
Mitgefühl	61
Die Rose	62
Verwehte Gedanken	63
Das gebrochene Herz	64
Grashalme	65
Wer bist du bloß?	66
Jubelnd fliegen	67
verborgene türen	68
Widerschein des Lichts	69
Die Muschel	70
Seelenflug	71
Wo liegt das Ziel?	72
Warum?	73
Rad des Lebens	74
Geborgen	75
Woher - wohin	76
Aufbruch	77
Schwere Zeit	78
Neues Ziel	79

Mühsal 80
Märchenmond 81
Versöhnung 82
Kreislauf 83
Es geht weiter 84
Am Fluss 85
Nicht gelebt 86
Dunkle Gedanken 87
Noch ist Zeit 88
Alles in Einem 89
Schneckenhaus 90
Hörst du's? 91
liebeswein 92
Gestrandet 93
Dort drüben 94
Im Sande der Zeit 95
agonie 96

Buch 2 Spirale des Lebens 97
Das Wort 99
Umweg 100
Nicht vergessen 101
Traum am Meer 102
lachen und weinen 104
Spirale des Lebens 105
Bedenken 106
Flut des Schicksals 107
verlorne fäden 108
Sonntagmorgen 109
Wann? 110
Läuterung 111
Der Augenblick 112

Spiel des Lebens 113
Dein bester Freund 114
Letzter Gruß 115
Verzauberter Ort 116
Ewigkeit 117
Erfolge 118
Traum der Zeit 119
Dereinst 120
eierschalen 121
Schicksal zwingen 122
Dankbarkeit 123
Umbruch 124
Herbstahnung 125
Die späten Tage 126
Freudentränen 127
Unbekanntes Programm 128
Erst dann 129
Lebensschule 130
Vorbeigelebt 131
Befreiung 132
Intuition 133
Unwetter 134
Nirwana 135
Sphärenflug 136
Ergebenheit 137
Nie vergessen 138
Weisheiten 139
Heimkehr 140
Verheißung 141
Sanfter Zauber 142
Nebel 143
Aufs Neue bereit 144

Das Herz ersteht 145
Positive Bilanz 146
Gefühle aus uneinheitlichen Richtungen 147
In der Falle 148
gefrorner traum 149
Vatersegen 150
Ein kleines Wort 151
Im Spiegel dein Gesicht 152
ewiges spiel 153
Himmlische Gabe 154
Depression 155
Erleuchtung 156
Erfrorener Trost 157
Gefangenes Glück 158
Ew'ger Augenblick 159
Quod licet 160
Leicht gesagt 161
Wiederkehr 162
Spaß 163
Verborgenes Ziel 164
Sei zufrieden 165
zeitgewühl 166
Ersatz 167
Blick in die Ewigkeit 169
gier 170
Ausweglos verloren 171
dort draußen 172
Schatzsuche 173
Im Dunkel wandelst du allein 174
todeshauch 175
damals 176
Vollkommen 177

Buch 3 schicksalwärts **179**
schicksalwärts 181
Unbekannte Partitur 182
Zeit der Blumen 183
Mondliebe 184
Gleichgewicht 185
Der einsame Sänger 186
Was bleibt 187
Was man spürt 188
Sternentanz 189
Halt mich fest 190
Die silberne Rose 191
Nur ein Traum 192
Verlorene Liebe 193
Das letzte Gefühl 194
Am stillen See 195
Trügerische Hoffnung 196
Ernüchternde Erkenntnis 197
Widersprüchlichkeiten 198
Traumland 199
Hartnäckige Schwärze 200
Was ist wichtig? 201
Knoten 202
Ausweg 203
Ziel der Sehnsucht 204
Verwehte Zeit 205
Lebenskunst 206
Bloß gerecht 207
Wenn 208
Verzweifelte Hoffnung 209
Kurskorrektur 210
Aufforderung 211

Niemand weiß	212
der faden der ariadne	213
Unruhe	214
Unvergesslich	215
Ermunterung	216
Wieso?	217
In weiter Ferne	218
Blumenliebe	219
Versunkene Sonne	220
Ewige Erkenntnis	221
Angst	222
Entkommen	223
Fragen	224
Es wär so gut	225
Ein neuer Weg	226
Traumverloren	227
Bevor es draußen hell wird	228
Späte Liebe	229
Der Weg hinauf	230
Ersprießliche Stille	231
Im Licht vereint	232
Wolkengleich	233
Unterpfand	234
Ratschlag	235
Abgetan	236
Ewiger Kreislauf	237
Erlösung	238
Entwurzelt	239
Stiller Wunsch	240
Bange Frage	241
Papierblumenstrauß	242
spiegelfluss	243

Ein Stück Paradies	244
Zwiespalt	245
Das Rosenblatt	246
Falsche Unschuld	247
Ein anderes Rot	248
Besser zu zweit	249
Bange Erwartung	250
Tränensterne	251
Zerrissen	252
Jetzt	253
Neubeginn	254
irgendwie	255
Staunen	256
Ein lichter Gedanke	257
Wortlose Gefühle	258
Ins Nirwana geschrieben	259
Goldene Schwingen	260
Zuletzt wird alles gut	261
Gesprengte Ketten	262

Vorwort

In diesem Band sind die 2008, 2009 und 2011 erschienenen Gedichtbände „Eine Insel in der Zeit", „Spirale des Lebens" und „schicksalwärts" als Zusammenfassung enthalten.

Die Einzelbände werden nach Drucklegung dieses Sammelbandes nur mehr für kurze Zeit verfügbar sein.

Die einzelnen Gedichte wurden unverändert übernommen. Es erfolgte lediglich eine Anpassung an das neue Layout sowie die Berichtigung einiger weniger Druckfehler der ersten Ausgaben.

Noch ein Wort zur „Neuen Rechtschreibung": Ich folge ihr mit großem Widerwillen, mache aber nicht jede Änderung mit, die sich sogenannte Experten haben einfallen lassen. Es ist also nicht alles ein Rechtschreibfehler, was danach aussieht.

Neulengbach,
im Januar 2017   Alfred L. Rosteck

Buch 1

Eine Insel in der Zeit

Erschienen 2008

Die Frage nach dem Sinn des Lebens ist so alt wie die Menschheit selbst. Der suchende Mensch findet in allem Erlebten zwar Gleichnisse für das Leben und die verborgenen Kräfte, die es bestimmen; ob er aber je auf alle Fragen auch Antworten erhalten kann? Vielleicht erst dann, wenn er seine Insel in der Zeit gefunden hat ...

Nach den Bergen

Nach den Bergen will ich gehen.
Will hinauf in lichte Höhen.
Meine Sehnsucht zwingt mich weiter,
wo rein die Luft, die Farben heiter.

Dort, in wildem Felsgestein,
kann mein Herz zu Hause sein.
Findet Schutz vor dieser Welt,
die täglich neue Fallen stellt.

Hier herrschen Ruhe, Glück und Frieden.
Hier kann man froh sein und zufrieden.
In der Einsamkeit der Steine
kann es sein, dass ich dann weine.

Selbst wenn des Sturmes wilde Macht
senkt das Idyll in tiefe Nacht,
findet das Herz in der Natur,
was es sonst fühlt im Innern nur.

Reingewaschen, hell und blank,
kehr ich zurück ins Tal mit Dank.
Hab abgelegt mein Seelenleid.
Bin für das Leben neu bereit.

Glückseligkeit

Steigt empor, Gedanken,
flieget höher, weiter!
Mögt ihr fest umranken,
was licht ist und was heiter!

Sich lösen von der Schwere,
die Kopf und Herz bedrückt!
Entschweben in die Leere,
wo reines Sein entzückt!

In wunderbaren Farben
schwerelos verfließen.
Geglättet sind die Narben,
die Schicksals Schläge stießen.

Die Harmonie erklingt
durch endlosen weiten Raum.
Die Seele sie durchdringt
für ewig süßen Traum.

Es weitet sich das Sein.
Umschlungen Raum und Zeit.
Heller Sphären Schein.
Nur Glückseligkeit.

Der Hoffnung Grün

Der Hoffnung Grün lädt mich ein.
Gar mächtig zieht es mich hin.
Schreiten über den Rain.
Den Sorgen für immer entfliehn.

Trägt mich das Gras wohl hinan,
wenn ich wage den Schritt?
Oder war es vergebens, vertan?
Geht weiter die Sorge mit?

Sind jenseits das Glück und die Freude?
Hinter dem hoffenden Grün?
Wartet das lichte Gebäude,
wo Seligkeit wird mir erblühn?

Hat wer das Tor aufgemacht?
Solange die Halme nicht dürr,
schreite ich weiter ganz sacht
nach drüben durch grünes Gewirr.

Kann sein, dass das Ziel mir schon winkt.
Vielleicht ist es auch nur ein Trug.
Muss hin, eh die Sonne versinkt.
Als Wunschbild sei's mir genug.

Umkehr

Schwer der Stein liegt auf der Brust.
Verblichne Freud in leeren Räumen.
Es quält gar mächtig der Verlust.
Tränen dicht in Seelenbäumen.

Dunkle Schleier hemmen Sicht.
Die Kälte kriecht in alle Glieder.
Nirgendwo brennt mehr ein Licht.
Ermattung zwingt zur Erde nieder.

Ist es Wahrheit? Ist es Trug?
Täuschung, Blendwerk und Gewalt?
Was hemmt bloß der Gedanken Flug?
Was verzerrt der Seel Gestalt?

Gefangen in der Seelenschlucht.
Zerstoben beinah alle Kraft.
Verzweifelt man den Ausweg sucht.
Kann sein, dass man es letztlich schafft.

Lasst uns lustig sein

Heia, lasst uns lustig sein!
Wie ist die Welt so gut und fein.
Alle soll'n sich mit mir freu'n.
Lasst mich jetzt doch nicht allein!
    Hinter Lachen
    verbergen sich Sachen,
    düster und wild.
    Verzerren das Bild.
Wir wollen gehn zum Purzeltanz.
Zerreißt uns noch vor Freude ganz.
Die Schönste nehm ich um die Mitte.
Was schert mich Anstand und was Sitte.
    Masken froh.
    Zynisch roh.
    Von Bosheit voll.
    Tückisch, toll.
Ich küsse sie im Überschwang.
Den ganzen schönen Abend lang.
Ich bring sie in mein stilles Zimmer.
Es kleidet uns der Kerzenschimmer.
    Die Robe sinkt.
    Ein Lied erklingt.
    Die Maske fällt.
    Ein Schrei laut gellt.
Meine Liebste ist so bleich.
Auch ist ihr Körper gar nicht weich.
Sinke auf mein Lager rot.
Meine Geliebte ist der Tod!

Hitze

Apathisch liegt das Land
im Sommerlicht.
Über heißem Sand
die Sonne sticht.
In flimmernd greller Glut
versinkt der Pfad.
Gesunken auch der Mut.
Erlahmt die Tat.
Man lechzt nach Schutz und Kühle.
Trockne Kehle.
Erstorben die Gefühle.
Leere Seele.
Der Frühling ist so weit,
wo's heiter war.
Dafür naht Herbstes Zeit.
Es sinkt das Jahr.
Das Leben im Paket.
In Bausch und Bogen.
Ob's früh ist oder spät.
Abgewogen.
Hitze trocknet Tränen.
Man kann nicht weinen.
Verdunstet alles Sehnen.
Auf heißen Steinen.

Jubelton

Finsternis und Stille.
Sogar am hellen Tag.
Gebrochen war der Wille.

Die Zweige sind verblüht.
Wie auf einen Schlag
die Hoffnung ist verglüht.

Doch dann, was ist das bloß?
Leuchtet erneut ein Stern
am Himmel blank und groß?

Zarte Melodie
erhebt sich jetzt von fern.
Wird zur Symphonie.

Die Musik schwillt an
mit mächt'gem vollen Ton.
Gelöst des Herzens Bann.

Licht und Klang erneut.
Der unverhoffte Lohn
das stumme Herz erfreut.

Und goldnes Licht erstrahlt
an Herzens Horizont.
Das Grau bunt angemalt.

Die Trübsal trieb davon.
Und jetzt ganz oben thront
der helle Jubelton!

Spätes Bedauern

Wie lange wird es denn noch dauern,
bis die Sonne tiefer geht?
Und in kalten Regenschauern
die helle, warme Zeit verweht?

Doch man kann nicht recht erfassen
und nicht halten Sommerglück.
Es läuft vorbei und muss verblassen,
eh das Herz sich nahm ein Stück.

Dann, wenn Herbstes graue Schleier
umstricken fest der Seele Hain,
die Sehnsucht steigt herauf so teuer
nach längst verlornem Sommerschein.

Wenn des späten Jahres Last
im Sturmesbrausen schwerer wiegt,
man leicht das letzte Bunt verpasst,
bis weißer Flockentanz obsiegt.

Wie wird das Herz vor Sehnsucht brennen,
weil's wie im Traum durchs Jahr gewandelt!
Viel zu spät wird es erkennen,
dass es geträumt und nicht gehandelt!

Eine Insel in der Zeit

Eine Insel in der Zeit.
Jeder würde gern sie finden.
In Stille und Geborgenheit
dem Geschehen sich entwinden.
    Stillestehen.
    Innehalten.
    Ins Weite sehen.
    Glück entfalten.
Doch der Zeiten Strom mit Macht
schwemmt hinweg den Zufluchtsort.
Wirft hinaus dich in die Nacht.
Der Strudel reißt dich mit sich fort.
    Schreckerfüllt.
    Von Angst gepackt.
    Mut weggespült.
    Die Seele nackt.
Magst du die Hände noch so ringen,
klagend das Geschick beweinen,
suchst mit Kraft den Strom zu zwingen:
Wirst dich mit ihm am End vereinen.
    Raum so weit.
    Zeit durchmessen.
    Unendlichkeit.
    Leid vergessen.

Erkenntnis

Wer hat die Tropfen je gezählt,
wenn der Regen niederfällt?
Wer kann die Sehnsucht denn verstehn,
hinter die Dinge stets zu sehn?

Doch kann das wohl nicht recht gelingen.
Verborgen ist bei allen Dingen
ihr inn'res Wesen und ihr Sein.
Denn was wir sehen, ist nur Schein.

Vor der Seele Spiegelbild
sich der Schein mit Sein erfüllt.
Wahrheit oder Illusion?
Wahrheit bloß als Reflexion.

Herbstzeitlose

Die lila Flammen sind erwacht.
Der Herbst schickt seine ersten Zeichen.
Der Sommer muss allmählich weichen.
Gebrochen ist wohl seine Macht.

Im späten sommerlichen Grün
die Blütenkeulen sich vermehren.
Keine Blume kann's verwehren,
dass bald sie alles überziehn.

Jedes Jahr dasselbe Spiel.
Jedes Jahr dasselbe Staunen
über dessen frühe Launen.
Doch ist es anders meist nicht viel.

Der lichte Sommer ist vergangen.
Viel zu früh ging er davon.
Der goldne Herbst, er wartet schon.
Ein bunter Schrei vor Winters Bangen.

Unersättlichkeit

Du nahmst stets gern von meinem Wein.
Er konnte nie genug dir sein.
Gar oft du wolltest von ihm trinken
und selig auf dein Lager sinken.

Weil nur danach der Sinn dir steht,
der Wein mir jetzt zur Neige geht.
Die Fässer sind nun alle leer.
Sie geben leider nichts mehr her.

Wie fehlt mir doch die süße Wonne!
Versunken meines Lebens Sonne!
Du suchst den Trost dir anderswo.
Und machst es dort geradeso.

Wie immer willst du alles kriegen.
Du lässt die leeren Kelche liegen
und eilst schnell zum nächsten hin.
Zurück bleibt bitterer Ruin.

Hab dich vergessen!

Vergiss den Strauß! Vergiss die Worte!
Geh nach Haus! Wirf weg die Torte!
Die Treu gebrochen wie den Ring.
Was einst versprochen, rasch verging.
Hast du gedacht, ich nehme hin,
was du gemacht? Mit frohem Sinn?
Flirte weiter! Einerlei!
Ich nehm es heiter. Bin wieder frei.
Du bist zwar schön und sehr charmant.
Doch kannst du gehn ins Pfefferland!
Hab dich besessen. Pfeif auf dich!
Hab dich vergessen. Und den Stich.

Bild des Lebens

Der Erfahrungen Fäden im Leben
helfen ein buntes Bild zu weben,
das stets reicher wird mit den Zeiten.

Manche Farben erscheinen zu grell,
andere wieder verblassen zu schnell.
Doch alle helfen, das Bild zu bereiten.

Kein Faden darf fehlen. Ins Bild er gehört.
Der Eindruck wäre ansonsten zerstört.
Erzeugt die Nuancen, die dem Abbild zu eigen.

Irgendwann wird das Bildnis beendet.
Dicht verwoben, was wurde verwendet.
Das ganze Leben ein bunter Reigen!

Das ewige Prinzip

Der ungebrochne Acker liegt
taubenetzt im Morgenlicht.
Bevor die Sonne letztlich siegt,
der Dunst nur zögernd aufwärts kriecht.

Ahnungsvoll mit leisem Bangen
das Feld des scharfen Pfluges harrt.
Erfüllt von träumendem Verlangen,
mit heißem Wollen still gepaart.

Die frische Scholle dann empfängt
die reiche Saat scheu aufgetan.
Sie nimmt, bewahrt und schützend lenkt
den Keim zur reifen Frucht heran.

Empfangen, wahren, weitergeben.
Geheimnis, unergründbar weit.
Schützend hegen junges Leben.
Prinzip der ew'gen Weiblichkeit.

Jenseits des Tales

Was liegt jenseits des Tales?
Hinter den Bergen im Dunst?
Ob es ist Epochales?
Oder bescheidene Kunst?

Sehnsucht gaukelt dir Bilder.
Willst überwinden den Wall.
Nichts kann stimmen dich milder.
Stillstand bereitet dir Qual.

Der Wunsch erhält dich am Leben.
Er vermittelt die nötige Kraft.
Er vermag auch Sinn dir zu geben.
Und Mut sowie Leidenschaft.

Was nur liegt hinter dem Tal?
Jenseits der zackigen Höhen?
Der Weg dorthin ist gar schmal.
Wirst einstens wohl dahin gehen.

Mode

Die Mode sagt, tu dies, tu das!
Und alle andern Sachen lass!
So gehörst auch du dazu!
Und die andern geben Ruh!

Die Mode auch die Sprache prägt.
Altes wird kaum mehr gepflegt.
Vieles wird nicht mehr verstanden,
weil die Kenntnis kam abhanden.

Oft ist's schön im Modeland.
Doch auch hier braucht man Verstand.
Nicht jede Torheit ist auch nötig,
die die Mode macht erbötig!

Verlorene Spuren

Verwischte Konturen.
Verlorene Spuren.
Verblichene Bilder.
Zerbrochene Schilder.
    Orientierungslos.
    Nackt und bloß.
    Freudlos und dumpf.
    Schwach und stumpf.
Zu tief gefallen.
Die Rufe verhallen.
Verloren die Kraft
und Leidenschaft.
    Wo ist die Freude
    im Lebensgebäude?
    Wer hilft der Seele,
    dass sie sich nicht quäle?
Das Herz klopft so schwer.
Vielleicht kann es nicht mehr.
Man sucht nach dem Grund.
Und geht doch zugrund.
    Man kann nicht heraus
    aus dem fremden Haus.
    Will steigen ans Licht,
    doch die Leiter zerbricht.

Wahrheit oder Schein

Dem Kind ist oft zu eigen
die reine Phantasie,
die ihm vermag zu zeigen,
was Große sehen nie.

Oft wird es dann getadelt,
wenn's uns was anvertraut.
Dabei wird es geadelt
durch das, was es erschaut.

Die Wurzel hat noch Leben.
Sie reicht hinüber noch
und kann ihm Kunde geben.
Glauben wir ihm doch!

Wer weiß zuletzt denn wirklich,
ob's Wahrheit oder Schein?
Denn keiner hat für sich
die Wahrheit ganz allein.

Walzer

Dreh dich voll Wonne im Kreise!
Halt deine Liebste ganz fest!
Wirst sehen, auf diese Weise
sie dich dann niemals verlässt.

Wie schön ist's, im Takt sich zu wiegen!
Durcheilen den Saal voll Elan.
Sich fest aneinander zu schmiegen.
Die Liebe beim Tanz meist begann.

Haltet auch dann noch den Takt,
wenn ihr schon längst seid ein Paar!
Die Schritte zusammen gewagt!
So wie beim Tanz es stets war!

Erfüllter Wunsch

Hol mich schnell aus meinen Trott,
flehte er zum lieben Gott.
Er müsste sonst hier noch ersticken,
sollte er nicht Hilfe schicken.

Jeden Tag dasselbe Lied.
Und seine Lebenszeit entflieht.
Möcht mal was anderes erleben.
Müsst auf der Welt wohl Schön'res geben.

Die Woche drauf ruft ihn der Boss.
Seinen Job war er jetzt los.
Denn die Firma musste sparen,
wie er leider musst' erfahren.

Als hätte ihn der Blitz gestreift,
er ganz plötzlich jetzt begreift:
Was er verlor, das war doch fein!
Er hätte sollen zufrieden sein!

Eines können wir draus lernen:
Such das Glück nicht in den Sternen.
Gut überlegt zum Himmel flehen.
Der Wunsch könnt in Erfüllung gehen!

Die Elfe

Die Gestalt apart.
Das blonde Haar so fein.
Die helle Haut so zart.
Der scheue Blick so rein.

Mit Augen groß und blau
blickt sie still mich an.
Nicht Kind und auch nicht Frau.
Zieht mich in ihren Bann.

Sanft umarmt sie mich
mit ihren weißen Armen.
Unsre Lippen finden sich.
O könnt sie sich erbarmen!

Selig Wang' an Wange
von Zärtlichkeit betört!
Und ich frag sie bange,
ob sie mir ganz gehört.

„Ich darf nicht lieben dich
mit allen meinen Sinnen.
Du würd'st verlieren mich.
Mein Leben würd zerrinnen."

Ich hielt's für Ziererei.
Wollt sie mit Haut und Haar.
Bedrängte sie dabei.
Heiß und wild sogar.

Sie gleich darauf verschwand.
Leise raunt der Wind.
Spur verweht im Sand.
Sie war ein Elfenkind!

Mein Glück, das ist dahin.
Die Sehnsucht schwer wie Stein.
Mein Leben ohne Sinn.
Möcht bei ihr nur sein.

Licht

Lichtdurchflutet liegt das Zimmer
ruhig da im Mondenschimmer.
Und es fliegen die Gedanken,
überwinden alle Schranken,
die die tiefe Erdenschwere
legte ihnen in die Quere.
Zwischen Schlafen und Erwachen
sie viele Kräfte dann entfachen.
Steigen auf in höchste Sphären,
die sonst unerreichbar wären.
Tauchen ein dort in das Licht,
aus dem die Liebe leise spricht.
Kraft und Trost und guten Rat
und vieles noch, worum man bat.
Auf einem silbern Mondenstrahl
gleitet man dann sacht zu Tal.
Es bleibt ein Ahnen nur am Morgen.
Dann kämpft man wieder mit den Sorgen.

Ziel

Es geht der Weg nicht gradeaus.
Obwohl du's hoffend selber glaubst.
Fliegt der Blick auch weit voraus,
du dich am Ende selbst beraubst.

Das Ziel verlierst du aus dem Auge!
Dafür erblickst du weit abseits
etwas, das dir besser tauge
und schweifst vom Wege ab bereits.

Andrerseits, was ist das Ziel?
Etwas, das sehr weit entfernt?
Du verstehst davon nicht viel.
Denn du hast's noch nicht gelernt.

Das ist's, was dir schmerzlich fehlt
bei dem makabren, schrillen Reigen.
Wer, in aller weiten Welt,
kann dir die wahre Richtung zeigen?

Kreis des Lebens

Wie viele Sonnenuntergänge
wirst du wohl noch sehen?
Wann werden sie verwehen,
die tagerfüllten Lebensklänge?

Tiefrot der Sonnenball versinkt.
Rosa Dämmerschein
ahnend bleibt allein.
Süßbitter Herzenslied erklingt.

Doch wie die Nacht verloren geht
in lichterfüllter Früh,
nach langer dunkler Müh
ein neuer Lebenskreis ersteht.

Reizendes Geheimnis

Wie reizt es mich,
dein Geheimnis zu ergründen!
Und am Ende
deinen Liebreiz ganz zu finden.
Dein Staunen wich
halb verborgenem Begehren.
Deine Hände
suchen sanft mich abzuwehren.
Dennoch straft dich
dein verschmitztes Lächeln Lügen.
Dein Blick spricht Bände.
Nur scherzhaft suchst du mich zu rügen.
Niemals glich
ein süßer Mädchenblick dem deinen!
Nicht Zeit verschwende!
Lass unsre Herzen sich vereinen!

Champagnerliebe

Aufperlend schäumt der goldne Sekt,
so wie mein Begehren.
Er hat die Liebe mir erweckt.
Die Nacht soll uns gehören.
Liebes Mädchen, zu mir komm schnell!
Leeren wir das Glas!
Trinken wir vom Liebesquell!
Voll Wonne und mit Spaß!
Zu lange schon bist du allein.
Die Knospe ist erblüht.
Drum lass uns jetzt zusammen sein!
Die Jugend bald verglüht.
Trink, mein Mädchen, küsse mich!
Schenk dich mir heut Nacht!
Alles will ich sein für dich,
woran du nie gedacht.
Drum lass die Liebe uns genießen!
Die Nacht hüllt ein uns fein.
Du wirst vor Glück zerfließen.
Und nie mehr traurig sein.
So trink von Amors Goldpokal!
Ich füll ihn stets aufs Neue.
Nimm mir endlich meine Qual.
Und sprich jetzt nicht von Treue!

Wo ist das Wort

Wo ist das Wort,
das einst geschrieben?
An welchem Ort
ist es geblieben?
Wo ist der,
der es mal schuf?
Der Platz ist leer,
verstummt der Ruf!
Flieht auch die Zeit,
die ihn geboren:
Die Ewigkeit
gibt nichts verloren!

Der Mond

Meinst du, Mond, du alles siehst?
Nur weil du hoch am Himmel ziehst?
Du siehst mir nicht ins Herz hinein
mit deinem fahlen, kühlen Schein.
Du siehst mich schlafen, vielleicht wachen.
Du siehst auch manche andre Sachen.
Doch kennst du weder Freud noch Leid.
Und spürst auch nicht den Lauf der Zeit.
Weißt nichts vom Lieben und vom Sehnen.
Siehst bloß das Lachen und die Tränen,
doch fühlen kannst du's nicht mit mir!
Manchmal lieb ich dich dafür,
dass du erhellst die Sorgennacht,
wenn du erstrahlst in voller Pracht.
Doch bist du ab und zu verborgen,
schlaf ich dennoch bis zum Morgen,
weil dann nicht stört dein Silberlicht,
das in meine Träume sticht.
Zieh weiter deine stummen Kreise!
Du Freund auf meiner Lebensreise!

Spiegelbild

Schau hinein dort in den Spiegel!
Er gibt dir frei den scheuen Blick.
Er öffnet dir den festen Riegel,
der dich bisher hielt zurück.

Das Geheimnis flüchtig schwindet.
Die Ahnung, die der Seele Zwang,
sich dem Augenblick entwindet.
Gewissheit steigt herauf nun bang.

Das Herz nun offen liegt und bloß.
Der Anblick weitet das Erkennen.
Der Abgrund scheint so tief und groß.
Beinahe meint man zu verbrennen.

Vergebens ist es, sich zu wehren.
Man erschaut es und erschrickt.
Trachtet schnell sich abzukehren,
wenn Erkenntnis man erblickt.

Kurz nur ist das Bild zu sehen.
Lehrreich ist's, dort zu verweilen!
Und wird's auch in der Zeit verwehen:
Vergiss es nicht! Es kann dich heilen!

Unsterblichkeit

Kleine Knospe, woher kommst du?
Warst nicht da und dann im Nu
treibt aus altem Stamm ein Grün,
wo totes Holz zu sein nur schien.

Wird zur Blüte wunderlieb.
In den Wind sie freudig schrieb
die duft'ge Kunde starken Lebens.
Von der Seligkeit des Gebens.

Verwelkt die Blüte. Dann die Frucht
den Weg zur Reife eilends sucht.
Auch sie verdorrt. Doch aus dem Tod
erwacht ein neues Morgenrot.

Es empfängt die Muttererde
den Samenkern, das draus was werde.
Das Alte wird hinweggerafft.
Verwandlung neues Leben schafft.

Der alte Stamm ist längst vergangen.
Doch an seiner Stelle prangen
grüne Bäumchen frisch und heiter.
In ihnen lebt das Alte weiter.

Wege

Warum erfährt man nichts vom Leid,
das in dunklen Kammern wohnt?
Und dass für ewig lange Zeit
der Bösewicht wird nicht verschont?

Auch sprecht von der Glückseligkeit,
die sich in Lichtgemächern breitet.
Wie dort strahlt das Seelenkleid.
Und wie sehr das Herz sich weitet.

In ahnungsvollem Vorwärtstasten
gilt's zu finden jetzt den Pfad.
Zu tragen auch die schweren Lasten,
die man aufgesammelt hat.

Geht man durch die Lichtallee,
Bitternis am Ende liegt.
Nur beim Weg durch Eis und Schnee
schließlich doch die Freude siegt.

Stets bedenken und betrachten.
Wähle zügig und nicht säume!
Alles, was wir recht bedachten,
führt ins Wahre, nicht in Träume!

Seelenweben

Versunken längst
im Sumpf der Zeit.
Bist du soweit,
dass du nicht hängst
an der Vergangenheit?

Ist es Schmerz,
der dich erfasst?
Gibt's eine Last,
die drückt dein Herz?
Kredit leichthin verprasst?

Das ist es kaum.
Vielmehr das Staunen.
Schicksals Launen,
weiter Raum.
Dumpfes Götterraunen.

Ein flüsternd Ahnen,
sonst verborgen
wie das Morgen,
will zaghaft bahnen
sich durch Alltags Sorgen.

Man kann's nicht fassen.
Auch nicht halten.
Gefühl gespalten,
hat dich verlassen.
Kann sich nicht entfalten!

Unermessen,
was früher war.
Jahr für Jahr.
Längst vergessen.
Was falsch war und was wahr.

Stilles Schweben.
Traum vermissen
auf dunklem Kissen.
Seelenweben.
Abgrundtief verschließen.

Weisheit

Wer ist es, der es mir verkündet,
dass Weisheit sich im Alter findet?
Und wie alt man werden muss,
dass dich ereilt Athenes Kuss?

Könnt sein, dass man es niemals findet,
was den Ruf als Weiser gründet.
Das Alter ist, wie's scheint, egal.
Man bleibt ein Schüler allemal.

Dunkelzeit

Wenn die Tage sich verkriechen
in die endlos lange Nacht,
und das Licht ist längst verblichen,
dann zeigt sich jäh des Herzens Macht.

Es weiten Fühlen sich und Sehnen.
Sinn kann in die Leere ziehen.
Mag sich die Dunkelzeit auch dehnen,
sie wird irgendwann entfliehen.

Durch stille Hoffnung Trost erhalten.
Dass licht es wird zur rechten Zeit.
Dass kann die Liebe wieder walten,
auch wenn sie heut noch scheint so weit!

ohne-worte-ort

ich nicht höre
was du dir im stillen denkst
ich nur begehre
dass du ein kleines wort mir schenkst
sprich mit mir
denn du hast heute nur geschwiegen
ich bleib nicht hier
werd ins abendrot entfliegen
im wolkenkerker
freiheit strahlend hell erwacht
so viel stärker
als im plüschsalon gedacht
ich stürz hinauf
zur goldnen scheibe jubelnd hell
nehm in kauf
dass alles geht so rasend schnell
absolut
ist das verstehen ohne wort
in sich man ruht
hier am ohne-worte-ort

Rückkehr

Thema

Lass den Blick hinaus weit schweifen!
Zu des Himmels hohem Dom.
Unfassbar scheint mir das Begreifen,
dass ich von solchen Höhen komm.

Was tu ich bloß auf dieser Erde?
Will doch nicht immer hier verweilen.
Muss trachten, dass ich besser werde.
Und mich ein wenig mehr beeilen.

Denn kurz die Zeit, die mir gegeben.
Sie gut zu nützen ist nicht leicht.
Niemals rasten, immer streben.
Ob dieses Ziel man je erreicht?

Schwanken zwischen Hoffen, Bangen.
Einmal mutlos, dann mit Stärke.
Vertrauen und Kraft muss man erlangen.
Dass gelingen alle Werke.

Zurück ins ferne Heimatland.
In der Sphären weiten Raum.
Erfassen dann mit starker Hand,
was bisher nur gezeigt der Traum.

Variation 1

Betrachte den Himmelsdom!
Vor Staunen und Sehnsucht fromm.
Doch steht noch nicht offen das Tor.
Der Weg noch steil ist zuvor.

Mit wechselndem Glück sich bemühen.
Die Wüsten der Erde durchziehen.
Den Tiefen entwachsen mit Macht.
Wie lockt doch der Gipfel Pracht!

Einst erschaut nur im Traum.
Gewinnen der Sphären Raum.
Die Sehnsucht darf nicht zerrinnen:
Die Heimat mit Freude gewinnen!

Variation 2

Vor Himmels Dom.
Verrucht und fromm.
Staunen. Sehnsucht.
Angst und Flucht.

Zaudern, Schwachheit.
Ziel noch weit.
Jahre fliegen.
Schicksal biegen.

Träume weben.
Heimwärts streben.
Sphären singen.
Kann's gelingen?

Variation 3

verloren im wüstensand
brüchiger sternendom
erlahmt die hand
dem tod ein willkomm

ertrunken beglückender traum
verwehter seelenklang
an lebens saum
herz durchdrang

zum gestern zurück ganz schnell
an dürren sehnsuchtszweigen
mut blüht auf grell
sphären ersteigen

von ferne ein licht

leise die nacht
schneekristall fein
mondlicht erwacht
mit kühlem schein
dunkel der saum
ringt winterwald
im weiten raum
die stille schallt
das eis zu glatt
der schnee zu tief
erlahmt und matt
die seele rief
von fern ein licht
aus augen so hell
frieden verspricht
wandrer eil schnell
zu nächtlichem herde
erfrorenes herz
getauet da werde
getilgt wird der schmerz
das licht währt nicht lange
das feuer vergeht
wird bleich deine wange
vom eiswind verweht
wenn zaghaft die schritte
man macht dir auf
auf deine bitte
vertraue darauf

Sein und Wollen

Der lichte Strahl am Horizont
ist so fern und unnahbar.
Ob sich der Weg dorthin noch lohnt?
Zu dulden Mühen und Gefahr?

Die Sehnsucht ist noch nicht gestorben.
Doch Kraft und Hoffnung sind entflohen.
Der Lorbeer wurd' noch nicht erworben.
Nur Angst und Leere düster drohen.

Im Dunklen sehen nützt nicht viel.
Im Licht zerrinnt das Traumgespinst.
Bleibt nur ein düsteres Gefühl.
Und der Wunsch, dass du gewinnst.

Spätes Silvester

Das Jahr versinkt im Schlund der Zeit
als Kehricht der Vergangenheit.
Vermehrt den abgelaufnen Müll.
Bringt näher dich dem letzten Ziel.

Die Frage ist, willst du dorthin?
Bringt's dir Verlust oder Gewinn?
Besser wär's wohl, zu verharren.
Sich weitren Abstieg zu ersparen!

In späten Jahren glaubt doch keiner,
es besser werde! Oder feiner!
Drum nützen wir den Augenblick:
Lasst uns trinken auf das Glück!

Mitgefühl

Erinn'rung drängt sich jäh empor.
Gedanken, längst verloren.
Tief begraben, was zuvor
aus heißem Schmerz geboren.

Doch seltsam ungerührt die Seele
sieht den alten Kram.
Als ob sie nur nach vorne zähle,
vergessend wundersam.

Nur ein tief verborgnes Rühren
das Herz ganz sacht bewegt.
Es kann das Sehnen ahnend spüren,
das anderswo sich regt.

Die Rose

Als er die Rose sah,
dort bei seinem Freund,
wie ging ihm das doch nah!
Er hätte fast geweint.

Voll erblüht und schön,
anmutsvoll und schlank,
sah er dort sie stehn.
Er ward vor Sehnsucht krank.

Hätt' er sie doch gepflückt,
als sie ihm sich bot!
Wie hat ihn doch entzückt
das Knöspchen frisch und rot!

Und wie es ihn jetzt reute,
dass er sie nicht genommen.
Der andere sich nicht scheute.
Drum hat er sie bekommen.

Verwehte Gedanken

Er denkt, was er nicht denken soll.
Er fühlt, wovon das Herz ist voll.
Er sagt, was niemand hören will.
Er kehrt in sich und schweigt schön still.

Die ganze Welt will er umfassen.
Sie in sein weiches Herz einlassen.
Er möcht so gern, dass sie ihn hören.
Und sie mit seinem Lied betören.

Doch dann die Stille schafft sich Raum.
Er findet Frieden wie im Traum.
Das Wort steigt in die Ewigkeit.
Verliert sich sanft im Fluss der Zeit.

Das gebrochene Herz

Ein Blümlein hat sein Herz betört.
In sanfter, duft'ger Maiennacht.
Er hat nur auf sein Herz gehört.
Und die Folgen nicht bedacht.

Das Glück zerrann im Morgenlicht.
Er kehrt zurück in seine Welt.
Dem Blümchen er das Herz wohl bricht.
Doch er denkt nur an Gut und Geld.

Er nahm die andere, ihm so gleich.
Sie war gebildet, schön und klug.
Und außerdem war sie sehr reich.
Für ihn das alles war genug.

Doch manchmal regt sich sein Gefühl.
Denkt an die Blüte dort im Garten.
Wie er trieb mit ihr sein Spiel.
Sie wird dort droben auf ihn warten.

Grashalme

Der Grashalm unter meinem Schritt.
Spürt schwer des Lebens herbe Bürde.
Das Schicksal tändelnd ihn zertritt.
Nimmt ihm leichthin seine Zierde.

Sein Geschick er teilt mit vielen.
Die nicht begreifen das Geschehen.
Die im Winde lustig spielen.
Und kaum erstanden schon vergehen.

Von ihrem Schmerz kann ich nichts ahnen.
Spür nur des eignen Loses Last.
Wer mag auf unsren Köpfen bahnen
seinen Weg sich voller Hast?

Wer bist du bloß?

Sage mir doch, wer du bist!
Hab dich noch nie zuvor gesehen.
Doch hast du mich im Traum geküsst.
Und es war schön, muss ich gestehen.

Du wandtest dich mir plötzlich zu.
Und hast den andern stehen lassen.
Du warst sofort mit mir per du.
Doch wer du bist, kann ich nicht fassen.

Ob mein Herz dein Bild gebiert?
Entsprangst du meiner Phantasie?
Heiß und unbewusst kreiert?
Doch dacht' zuletzt ich daran nie.

Du küsstest mich. Ja, es war schön!
Doch war ich nicht für dich bereit.
Ein Traum! Doch durft' es nicht geschehn.
Wer bist du bloß? Aus welcher Zeit?

Ob wir uns von früher kennen?
Aus fernen Tagen, längst vergangen?
Kannst du meinen Namen nennen?
Sind wir sehr an uns gehangen?

Wieso stiegst du hervor aus Tiefen?
Aus der Äonen fernstem Schoß?
Wo unsre Herzen bisher schliefen.
Sag mir nur, wer bist du bloß?

Jubelnd fliegen

Der Käfig ist verschlossen.
Die Aussicht eng beschnitten.
Man blinzelt zwischen Sprossen.
Man hat hier meist gelitten.

Doch kann man nicht entfliehen.
Gepresst auf engsten Raum.
Doch möcht man weiterziehen.
Erwachen aus dem Traum.

Muss wo die Freiheit sein.
Das wahre Leben blühen.
Der Geist befreit vom Stein.
Möcht wonniglich erglühen.

Dann wird man jubelnd fliegen!
Hoch hinauf und klar.
Man wird, erwachend, siegen!
Vergessen, was einst war!

verborgene türen

verborgene türen
zu dir hin führen
du lässt niemand ein
bewahrst dir den schein
der unnahbarkeit
für wie lange zeit
kannst du ertragen
dem glück zu entsagen
dein herz zu verschließen
die jahre verfließen
die blumen verblühen
noch kannst du erglühen
vor liebe und wonne
noch scheint dir die sonne
der leidenschaft
doch verliert sich die kraft
der frühling vergeht
wo niemand gesät
kann keiner ernten
was wir nicht lernten
mangelt uns dann
die chancen vertan
drum öffne die tür
dein herz schenke mir
gemeinsam zu schreiten
durch all die weiten
des blühenden lebens
sonst war es vergebens

Widerschein des Lichts

Ich sehe nur den Widerschein des Lichts
auf den dunklen Wolken hell sich wiegen.
Weit entfernt, jenseits des düstren Nichts,
scheint die Quelle allen Trosts zu liegen.
      Kann ich hin?
      Und sie finden?
      Macht es Sinn,
        es zu ergründen?
Endlos wird der raue Weg wohl sein.
Kann das Ziel den Aufwand wirklich lohnen?
Ich würde es mir letztlich nicht verzeihn,
wollt' ich nicht im Lichte droben wohnen!
      Drum gewagt!
      Es wird gelingen!
      Unverzagt
        das Glück erringen!

Die Muschel

Ich geh so gerne Hand in Hand
mit dir spazieren am weißen Strand.
Wo sanft die Wellen zu uns sprechen,
die sich da am Ufer brechen.

In einer Bucht, einsam und still,
ich eine Muschel suchen will.
Ich finde eine, jung und schön,
wie ich noch keine hab gesehn.

O wie plagt mich das Verlangen,
an ihr Geheimnis zu gelangen!
Ich öffne sie mit zarter Hand,
und ich ein Wunder darin fand.

So begann für uns das Glück
in diesem heil'gem Augenblick.
Was ich gefunden dort am Meer,
das geb ich sicher nie mehr her.

Seelenflug

In atemloser Stille
tritt zurück der Wille
hinter banges Hoffen.
Es steht das Herz nun offen
zu hören all die Klänge,
die sonst die Last der Zwänge
erstickt und fortgeweht.
Ein Bildnis zart ersteht
voll Sehnsucht wie im Traum.
Weder Zeit und Raum,
noch finstrer Lug und Trug
hemmt nun der Seele Flug.
Sie kann all das erlangen,
was sonst mit Grau verhangen.
In weit gezognem Kreise
beendet sie die Reise.
Verflogner Augenblick.
Voll von höchstem Glück.
Was bleibt, ist fernes Ahnen
von lichten Sternenbahnen.

Wo liegt das Ziel?

Wo liegt am Ende das Ziel?
Ist's Ernst oder nur Spiel?
Welcher Weg ist zu gehen?
Welche Wahrheit zu sehen?
    Verloren das Bild.
    Vergessen der Plan.
    Zerbrochen der Schild.
    Der Traum zerrann.
Was ist die richtige Wahl?
Die Freude oder die Qual?
Sich starren Zwängen ergeben?
Erträumen sich lieber das Leben?
    Zerronnener Traum.
    Und doch war es schön.
    Man erinnert sich kaum.
    Die Bilder vergehn.
Die Gründe möchte man wissen.
Warum die Seele zerrissen.
Entspricht dem Ziel wohl der Willen?
Vermag das die Sehnsucht zu stillen?
    Sehnsucht ganz tief.
    Hoch fliegt der Blick.
    Die Erinn'rung rief.
    Doch nichts kehrt zurück.
Wie steht's um Geduld und Vertrauen?
Und niemals rückwärts zu schauen?
Es ist zu lernen so viel.
Und wo liegt am Ende das Ziel?

Warum?

Wenn das Übel erst begann,
heißt die Frage stets: warum?
Und nicht: wer, wie, was und wann?
Doch das Geschick ist meistens stumm.

Im Guten will man wen'ger wissen,
wieso es einem widerfährt.
Man will's nur nie und nimmer missen.
Und wünscht sich, dass es lange währt!

Rad des Lebens

Schneller noch als du gedacht,
verblasst des Winters eis'ge Macht.
Wenn das Gras hernach wird grün,
wirst du in die Ferne ziehn.

Alles geht dann seinen Gang.
Ein ganzes reiches Leben lang.
Man kehrt heim, wenn's Jahr sich neigt.
Wenn das Ende nah sich zeigt.

Ruhen dann vor neuen Taten.
Dort, wo's Jahr wirft lange Schatten.
Und wenn der Tauwind mächtig weht,
erneut es auf die Reise geht.

Geborgen

Jubelnd in das Abendrot
fliegt mein Herz.
Im schimmernd wolkengleichen Boot
geht's himmelwärts.

Weiße Tauben gleiten sacht
an meiner Seite.
Lassen hinter uns die Nacht.
Purpurne Weite.

Geborgen in der Ewigkeit
sanftblauer Seide.
Jenseits vom Raum zerrissne Zeit.
Ekstase, Freude.

Woher - wohin

Wir sollten es uns eingestehen:
Wir doch alle wissen wollen,
woher wir kommen, wohin wir gehen.
Und was wir hier auf Erden sollen.

Denn wenn den Grund man erst mal weiß,
manches dann viel leichter fällt.
Und was am End der Mühe Preis
für unsre Reise durch die Welt.

Den konkreten Grund im Leben
selten nur wird man erfahren.
Uns bleibt zu lernen und zu streben.
Und das Erreichte zu bewahren.

Aufbruch

Ich bin müde. Kann nicht mehr.
Herz und Hirn sind völlig leer.
Das Gefühl kam mir abhanden.
Die Gedanken still versanden.
      Totenstille.
      Erloschner Wille.
      Tief versinken.
      Vergessen trinken.
In abgrundtief verlornem Schlummer
abzustreifen sacht den Kummer.
Wandeln durch die Traumgefilde.
Bannen düstre Wahngebilde.
      Morgenrot.
      Besiegt den Tod.
      Neues wagen.
      Frust entsagen.

Schwere Zeit

Gehe durch die schwere Zeit.
Du nennst sie einst Vergangenheit.
Geduld und Kraft sind jetzt gefragt.
Es nicht hilft, wenn man verzagt.

Das, was heute Zukunft heißt,
dir auch schon die Richtung weist.
Nach dürrer Zeit wird's doppelt schön.
Musst nur ständig weitergehn.

Neues Ziel

Wenn die Sehnsucht Pause hat,
das Leben stellt die Rechnung glatt.
Ohne Wunsch und ohn Begehren
muss es erst die Richtung klären.

Es steigt herauf mit zagem Schritt,
was ins Zentrum alsbald tritt.
Hat sich das Ziel herausgestellt,
das Sehnen wieder leichter fällt.

Mühsal

Ist der Fels erst weggeräumt,
vorbei für's Erste sind die Mühen.
Man von leichter Reise träumt.
Wo ringsumher nur Blumen blühen.

Der Erfolg, er gibt uns Mut.
Bis er am nächsten Stein zerbricht,
der hart in unsrem Wege ruht.
Neue Mühe wird zur Pflicht.

Auf unsrem Weg wir hinterlassen
Steinchen, die einst Felsen waren.
Sie zeichnen bunt die weiten Straßen,
auf denen unsre Kinder fahren.

Märchenmond

In violetten Blüten
schwelgt der Mond
in lauer Nacht.
Er weckt sacht
und unbelohnt
die halbvergessnen Mythen.

Zauber dringt hinein
ins kranke Herz.
Liebevoll.
Liebestoll
vor Sehnsuchtsschmerz.
In blauer Nacht allein.

Doch auf dem Silberstabe
heruntergleitet
der Liebsten Gruß.
Ein Zauberkuss
ihm Trost bereitet.
Des Mondes Märchengabe.

Versöhnung

Wo Sonnenschein dem Mond begegnet.
Wo aus blauem Zelt es regnet.
Wo trotz Frost die Kirschen blühen.
Da muss ich mich hinbemühen.

Der Gegensatz ist dort vereint.
Fröhlich lachen, wenn man weint.
Der Punkt der Einheit ist gefunden.
Ob man hier endlich wird gesunden?

Wird es gegeben mir, zu bleiben?
Wird mich das Schicksal weitertreiben?
Ob sich die Wege wieder scheiden?
Hin zur Freude, oder Leiden?

Ich habe es noch nicht erreicht.
Der Weg dahin ist schwer, nicht leicht.
Der heiße Wunsch treibt mich zum Licht.
Ob's mir gelingt, weiß ich noch nicht.

Doch eins wird unterwegs mir klar:
Es sind stets beide Seiten wahr.
Es gibt das eine nicht allein.
Das Gegenteil muss bei ihm sein.

Das hohe Ziel liegt nicht in Fernen.
Auf der Wanderschaft noch lernen.
Drum beide Seiten ich erwähle.
Versöhne sie in meiner Seele!

Kreislauf

Kurz nur schweift
das Vöglein durch den Mai.
Bald schon reift
in Sommers Nest ein Ei.
Vorbei das Singen
und lustiges Geschrei.
Mit schweren Schwingen
schafft's den Wurm herbei.
Für die Kleinen
ist es Leckerei.
Die Alten meinen:
Jetzt ist der Spaß vorbei.
Das Junge fliegt
voll Lust im nächsten Mai.
Bis es kriegt
am Ende selbst ein Ei.

Es geht weiter

Es dreht sich im Kreise.
Stets auf das Neue.
In ewiger Weise.
Ganz ohne Reue.
Doch unmerklich sacht
geht's auch nach oben.
Mit heimlicher Macht
wird alles verschoben.
Obwohl man's kaum glaubt:
Es geht weiter ein Stück.
Und was uns geraubt,
vermehrt kehrt zurück.

Am Fluss

Ich geh den Fluss entlang.
Denk an dies und das.
Einmal ohne Zwang
wandern durch das Gras.

Aus dem Wasser Raunen.
Still Gedanken sprießen.
Und geheimes Staunen
den Zweifel lässt verfließen.

Es steigt aus Wellenkräusel
heilsam Trost empor.
Mit samtigem Gesäusel
der Wind streicht übers Ohr.

Die Schemen sind verjagt.
Kurz Ruhe ist beschieden,
die vorher war versagt.
Im Herzen endlich Frieden.

Möcht ewig weiterstreifen
den alten Fluss entlang.
Den Frieden fest ergreifen.
Entschlossen. Mutig. Bang.

Nicht gelebt

Genieße doch den Sonnenschein,
solang er dich begleitet.
Er könnte bald vorüber sein.
Und Regen weit sich breitet.
Die Reue kommt dir dann zu spät.
Verflossen stilles Glück.
Ob's wieder einmal aufwärts geht?
Die Sonne kehrt zurück?
Das Leid zerfrisst dein schweres Herz.
Hoffnung ist so weit.
Doch hilft dir nicht dein Seelenschmerz.
Hast nicht gelebt zur Zeit.

Dunkle Gedanken

Wenn drohend dunkel sich erheben
aus verstaubten Spinnenweben
dich erschreckende Gedanken:
Weise sie in ihre Schranken,
wenn sie schmeichelnd dich betören.
Lass nicht zu, dass sie zerstören,
was du mühsam dir errungen.
Das Hohelied wär schnell verklungen.

Noch ist Zeit

Das Leben nimm mit Fröhlichkeit.
Denn zur Trauer ist noch Zeit,
wenn des Herbstes Nebel wallen
und lichte Rufe still verhallen.

Die Frage mag sich bang erheben,
ob man stets in seinem Leben
recht genutzt hat seine Chance.
Oder gelebt hat wie in Trance.

Solang erreicht ist nicht das Ende,
solang ist Zeit für eine Wende.
Lass das Licht in deine Brust.
Leb den Rest der Zeit bewusst.

Alles in Einem

Eifrige Sonne nach Winternacht.
Zögernder Strahl hat Herz aufgemacht.
Vergeblich der Frosthauch sich klammert ans Land.
Zerrissen für länger das kaltblaue Band.
Es steigt empor aus eisigem Grab.
Der altvertrocknete Lebensstab.
Mit neuergrünten Schwingen versehen.
Er lässt die goldene Welt frisch erstehen.
Ergreifen die silberglänzenden Klänge.
Entwirren die festgefrorenen Zwänge.
Der jubelnde Tanz schweift die Berge hinan.
Alles in Grün und in Blüten getan.

Doch währt nicht lange der himmlische Reigen.
Zerbrechen bald die ätherischen Geigen.
Es birgt die Wärme den Frost insgeheim.
Wie auch im Licht die Nacht ist daheim.
Geburt ganz gewiss den Tod in sich hält.
Das Nichts liegt dicht am Blühen der Welt.
So wird der Frühling am Ende vergehen.
Der Sommer bald wird im Herbstwind verwehen.
Das eine trägt still das andre in sich.
Schwängliche Freude den tödlichen Stich.
Doch noch tanzt alles zur tröstlichen Weise.
Wirbelnder Taumel auf leidvoller Reise.

Schneckenhaus

Tief zurückgezogen
in sein Schneckenhaus.
Hoffnung ist verflogen.
Will nicht mehr heraus.

Dumpf dahingeträumt.
Vergessen, was da war.
Vergebens aufgebäumt.
Entflohen der Gefahr.

Doch dann des Herzens Stimme
ganz leise sich erhebt.
Entsagen seinem Grimme,
auf dass die Seele lebt.

Zieht nicht mehr sich zurück
ins graue Schneckenhaus.
Wendet seinen Blick
nun in die Welt hinaus.

Hörst du's?

Hörst du's singen?
Ob's Engel sind?
Die Trost dir bringen?
Vorbei das Leiden.
Verloren im Wind.
Es heißt scheiden.

Vorbei das Leben.
Es zart verrinnt.
Ist wie Schweben.
Goldnes Klingen.
Glück beginnt.
Engel singen.

liebeswein

liebesfein
nadelklein
sacht gebunden
glück gefunden
rotes hell
blut so schnell
du dazu
im ewignu
küssen zartig
herzensartig
eden sehen
heiß zergehen
eins zu zwein
liebeswein

Gestrandet

Der Blick hinaus aufs Meer
erinnert mich an dich.
Mein Herz wird mir so schwer.
Dein Bild nie von mir wich.

Dort wo die Wellen springen,
Hand in Hand allein,
wir gemeinsam gingen.
Wie lang mag's her wohl sein?

Ich blicke in mein Herz.
Hoch die Sehnsucht brandet.
Zerschellt am fels'gen Schmerz.
Mein Glück ist längst gestrandet.

Dort drüben

Drüben, ja dort drüben,
da muss es herrlich sein.
Es dünkt der Sonnenschein
viel heller als herüben.

Ich möchte so gerne hin.
Über den Fluss so breit.
Und ist es noch so weit,
brächt es doch Gewinn.

Schließlich ist's gelungen.
Nach ein paar schweren Stunden
der Fluss ist überwunden.
Ein schöner Sieg errungen.

Der Strom fließt klar und fein.
Der Blick hinüberschweift.
Doch Sehnsucht mich ergreift:
Wie schön muss es dort sein!

Im Sande der Zeit

Das Wort ist gesprochen.
Der Vers ist geschrieben.
Der Bann ist gebrochen.
Die Schatten vertrieben.

Doch gleiten davon
die Idee und der Sinn.
Verklingt leis der Ton.
Verrinnt der Gewinn.

Klang einst es auch weit
mit frohem Gehaben:
Im Sande der Zeit
liegt alles begraben.

agonie

weggeschoben
all die last
weggeweht
und still verpasst
es ersteht
weit abgehoben
euphorie

festzuhalten
eingemauert
gipfelfreude
kurz nur dauert
frohgebäude
schroff gespalten
agonie

Buch 2

Spirale des Lebens

Erschienen 2009

Nichts im Leben geht nur geradlinig voran. Auf Erfolg folgt Misserfolg, auf Freude Leid, aber auch auf Weinen Lachen. Ein ständiger Wechsel zwischen Höhen und Tiefen. Obwohl sich scheinbar vieles im Kreise bewegt, geht es stets weiter. Weiter und aufwärts. Das Leben windet sich in Spiralen empor, bis zum letzten Ziele ...

Das Wort

Das Wort als Träger der Gedanken,
des Gefühls und höh'ren Lebens.
Es soll stehen und niemals wanken
fest im Zentrum unsres Strebens.
Ob rein gefügt in fester Form.
Ob fließend sanft im Strom der Zeit.
Die Geisteskraft als höchste Norm.
Das Wort besteht in Ewigkeit.

Umweg

Und als ich in die Nacht gesehen,
konnt' ich erst den Tag verstehen,
dessen Glanz mir ward geschenkt.

Ich hab die Gabe nicht beachtet.
Als selbstverständlich sie betrachtet.
Etwas, das man nicht bedenkt.

Jetzt freu ich mich in dunkler Nacht,
dass der Mond mich hat bedacht
mit seinen sanften Silberstrahlen.

Den Sonnenstrahl muss ich entbehren.
Der Silbermond kann mich belehren,
dass selbst ich schuld an meinen Qualen.

Wenn einst der Morgen sich erhebt,
den Tag aus Tiefen neu belebt,
zeigt sich der Himmel blutigrot.

Mit frischem Mute neugeboren.
Gewonnen, was da war verloren.
Neues Leben aus dem Tod.

Nicht vergessen

Am Straßenrand, im Staub,
blüht ein Vergissmeinnicht.
Doch ich bin blind und taub.
Hör nicht, was es spricht.
Ich gehe ständig weiter.
Trage all das Schwere.
Der Weg würd' sicher breiter,
wenn ich schon weiter wäre.
Auf einmal, in der Ferne,
sehe ich dich schreiten.
Möchte nur zu gerne
dich auf dem Weg begleiten.
Später, Hand in Hand,
woll'n wir die Reise wagen.
Ob grün, ob dürr das Land,
gemeinsam leichter tragen.
Rasten unter Zweigen.
Steigen auf die Höhen.
Wenn sich die Tage neigen,
das Ziel einst winken sehen.
Die Liebe reift in Jahren,
die wir zwei durchmessen.
So hab ich doch erfahren,
dass keiner wird vergessen.

Traum am Meer

Ich liege da am Meeresstrand.
Die glatte See mich rings umspannt.
Die Sonne voller Mut durchsticht
die dunkle, schwere Wolkenschicht.

Doch heiß der Kampf im Dunstgebräu.
Licht, verfolgt von Wolken scheu,
verfließt ganz sanft im Windgesäusel.
Legt sich leicht auf Wellenkräusel.

Salzig Luft nimmt mich ganz ein.
Und, obwohl die Möwen schrein,
mich umfängt der Schlummer tief
und im Traum die See mich rief:

„Tauche ein in meinen Schoß.
Lass den Alltag einfach los.
Fühl dich in mir ganz tief geborgen.
Du spürst auf ewig keine Sorgen!"

Nachzugeben ihrem Drängen
und zu lauschen ihren Sängen
zieht es mächtig mich dahin,
wo's nur Ruh zu geben schien.

Als ich mich wollte schon ergeben,
begann sich in den Traum zu weben
zartes Raunen, leises Mahnen,
sich den Weg zurück zu bahnen.

Ich liege da am Meeresstrand.
Die glatte See mich rings umspannt.
Mein Herz den Dunst voll Mut durchsticht
und weitet sich im Sonnenlicht.

lachen und weinen

lachen ins tal
weinen empor
freude und qual
wie oft schon zuvor
leid drückt uns nieder
doch freude hilft viel
im kreis immer wieder
geht leidliches spiel
das drama heißt leben
zu ernst nimm es nicht
mag's hagel auch geben
ertrag es ganz schlicht

Spirale des Lebens

Das Leben zieht in Spiralen hinan.
Nicht grade verläuft seine endliche Bahn.
Doch was zuweilen als Umweg erscheint,
dich zum Schluss mit dem Ziele vereint.

Das Schicksal hält fest dich auf währender Reise
und macht dich stark auf beharrliche Weise.
Dann schließlich gehn alle Mühen vorbei.
Du fühlst dich glücklich. Und du bist frei.

Bedenken

Wie hat das Bild des Blümchens mich berührt,
das blind der Zufall mir vor Augen führt.
Bis ins Herz es konnte mich entzücken.
Würde es so gerne für mich pflücken.

Doch siedendheiß durchfuhr mich der Gedanken,
dass die Vernunft mir setzte hohe Schranken.
Bei unsresgleichen sollten wir wohl bleiben.
Und nicht zum Äußersten das Wagnis treiben.

Die schnelle Lust am Ende würd' verglühen.
Enttäuscht das Blümchen würde bald verblühen.
Drum soll es bleiben, wo es gerne ist.
Mein Trost soll sein, dass man sehr bald vergisst.

Flut des Schicksals

Wenn die Wogen stetig steigen
und reißen alles mit sich fort,
und die Götter dazu schweigen,
hilft kein noch so großes Wort.

Das Herz ertrinkt in Hass und Not.
Widersetzen ist nicht leicht.
Sieht sich vom Untergang bedroht,
wenn es das Ufer nicht erreicht.

Am Strand der Güte spät gerettet,
ist's dem Strudel knapp entronnen.
Im Sand der Liebe weich gebettet,
hat das Leben neu begonnen.

Doch die Flut ist nicht gebannt.
Das Übel ist noch nicht zu Ende.
Könnt' erneut bedrohen das Land.
Auf und ab in steter Wende.

verlorne fäden

längst vergessen
die blauen stunden
war zwar vermessen
doch ward gefunden
der weg nach eden

traumgefilde
schnell entfliehen
wahngebilde
schleier ziehen
verstummte reden

endlos weit
im dunklen tal
versunkne zeit
der liebesqual
verlorne fäden

Sonntagmorgen

Stiller Sonntagmorgen.
Der Tag steigt kühl herauf.
Vergessen Alltagssorgen
im goldnen Tageslauf.

Azurn das Zelt sich spannt.
Flimmernd heiße Luft
legt sich übers Land.
Voll von Sommers Duft.

Erfüllt von tiefem Frieden
ruhig wird das Herz.
Es ist ihm Glück beschieden.
Befreit von allem Schmerz.

Wann?

Gezögert so lange.
Soll er es wagen?
Er öffnet sich bange.
Was werden sie sagen?
Es manchen gefällt.
Der Mode passt's schlecht.
Zu schlicht für die Welt.
Ihr macht er's nicht recht.
Erschöpft und so leer.
Sein Mut ist gesunken.
Gar nichts geht mehr.
Die Ideen ertrunken.
Ihm bleibt es, zu hoffen.
Gebrochen der Bann?
Steht alles noch offen.
Fragt sich nur, wann.

Läuterung

Die Sterne fallen erdenwärts.
Der Mond verbirgt sein bleiches Herz.
Der Mensch sieht's zitternd, voller Bange.
Am Himmel windet sich die Schlange.

Das Abendrot weicht Feuerschein.
Angsterfüllt das Herz aus Stein.
Am Horizont loht's grell hervor.
Die Erinn'rung schließt das Tor.

Gefangen in der eignen Brust.
Widerstreitend Lust und Frust.
Die Silberschlange Geifer speit.
Zorn und Reu zum Himmel schreit.

Das Universum der Gedanken
gerät im Feuersturm ins Wanken.
Nur die festen und die hellen
können sich entgegenstellen.

Die Feuernacht schnell schreitet fort.
Am andern End erwacht ein Wort.
Morgenröte aufwärts zieht.
Das Dunkelfeuer schnell entflieht.

Im neu erwachten Tagesschein
zeigt sich alles wieder rein.
Goldne Herzen rings umher.
Steine sieht man keine mehr.

Der Augenblick

Der Augenblick ist oftmals schön.
Es kann das Herz ihn kaum verstehn.
Doch blickt es kurz danach zurück,
vermisst es das verlorne Glück.

Wie alt muss man denn wirklich werden,
dass man erfasst das Glück auf Erden?
Klug und glücklich bist du erst,
wenn du den Augenblick erhörst.

Spiel des Lebens

Es ist vergebens,
nach dem Sinn zu fragen.
Im Spiel des Lebens
kann man auch versagen.
      Glück verpasst.
      Mut gefasst.
      Neubeginn.
      Bringt Gewinn.
Trotz Seelenbebens
kann man viel ertragen.
Am Weg des Strebens
muss man vieles wagen.
      Ruhig Blut.
      Fasse Mut.
      Voller Kraft.
      Und Leidenschaft.
Und war's vergebens,
man sollt es nicht beklagen.
Im Spiel des Lebens
wird man oft geschlagen.

Dein bester Freund

Wenn ich so nach oben schau,
in des Himmels weites Blau,
seh ich die weißen Wolken ziehen.
Mein Herz mit ihnen will entfliehen.

Dort, wo nur die Sonne scheint
und der Himmel niemals weint,
will ich bleiben ganz allein
und ohne Lieb' und Hass da sein.

Denn wer da liebt, der wird verletzt.
Wer da wartet, wird versetzt.
Und wer hofft, der wird verraten.
Wer sich sehnt, der muss entraten.

Doch bleibt die Sehnsucht dein Begleiter.
Nach einem, der da ist gescheiter.
Der dich nimmt, so wie du bist,
und deine Fehler gern vergisst.

Der deine Liebe nimmt als Glück.
Der da ist das fehlend' Stück.
Wo ergänzen sich die Seelen.
Und ein gemeinsam Leben wählen.

Denn Alleinsein tötet dich.
Versetzt dem Herz den letzten Stich.
Dann ist zu Ende alle Not.
Dein bester Freund ist wohl der Tod.

Letzter Gruß

Durch das offne Fenster grüßt
mich der gelben Rosen Schein.
Wie haben sie mir stets versüßt
das Leben, wenn ich war allein.

Sie winken zu mir aus der Ferne.
Kann ihren Duft nur leise spüren.
Zu einem Kuss würd' ich sie gerne
noch einmal an die Lippen führen.

Ich möcht' sie gern erblühen sehen,
die süßen Knospen zart und fein!
Doch muss den letzten Weg ich gehen.
Die Schönste soll mein Begleiter sein.

Verzauberter Ort

Nicht lang ist's her, da war ich froh.
Nur Frieden, Sonne und wir zwei.
Doch bald die stille Zeit entfloh.
Mit Macht der Alltag kam herbei.

Möcht so gerne wieder streifen
durch den Wald, den Bach entlang.
Gemeinsam nach den Sternen greifen.
Lauschen deines Herzens Klang.

Die Harmonie ist nun geschwunden.
Uns singt der Bach nur noch in Träumen.
Das Leben schlägt jetzt wieder Wunden.
Man glaubt so vieles zu versäumen.

Ich hoffe sehr, dass wiederkehrt
das stille Glück, die ruhigen Tage.
Eine Zeit, die unbeschwert
und ferne ist des Alltags Plage.

Dann wird der Wald uns wieder rauschen.
Das Bächlein murmelnd zu uns spricht.
Selig wir den Klängen lauschen.
Eingehüllt in goldnes Licht.

Rund um uns versinkt die Welt.
Ein Zauber liegt auf diesem Ort,
der in seinem Bann uns hält.
Und ewig bleiben wir dann dort.

Ewigkeit

Die maskenhafte, glatte Zeit
versinkt im Schlund der Ewigkeit.
Taucht hinweg, ganz ohne Säumen.
Kehrt zurück nur noch in Träumen.
Der Schluss zeigt sich im Augenblick,
doch führt kein Weg je mehr zurück.
War schon enthalten im Beginn,
die stille Kraft, der tiefe Sinn.
Des Schicksals Vorhang birgt ihn fest.
Es dich den Weg nur ahnen lässt.
Im zähen Nebel purpurrot
sich verbirgt des Lebens Not.
Am Ende dieser Nebelreise
fragt sich der Dumme wie der Weise
ob er schon wirklich ist bereit.
Bereit schon für die Ewigkeit.

Erfolge

Die Wege sind ertrunken
im Gestrüpp der Zeit.
Dafür weithin prunken
Straßen glatt und breit.

Doch wo ist jetzt die Stille,
die einst die Herzen barg?
Wo einst war Raum in Fülle,
der Platz ist nunmehr karg.

Im Außen wunderbar.
Im Innern muss was fehlen.
Wo einst Gefühl nur war,
jetzt nur Erfolge zählen.

Traum der Zeit

Du kannst in der Zeit nicht vor und zurück.
Gefangen bist du im Augenblick.
Noch ehe du kannst ihn ein wenig erfassen,
hast du ihn auch schon wieder verlassen.

Was ist denn die Zeit? Ist sie ein Traum?
Welcher erfassen lässt uns den Raum?
Derselbe Ort, doch andere Zeit.
Man ist so nah. Doch unsagbar weit.

Wie fern der glückliche Augenblick ist,
da du einst hier dein Mädchen geküsst!
Sie ist schon lange von dir gegangen.
Das Glück vom Schleier der Zeit ist verhangen.

Manchmal, wenn im Bewusstsein entrückt,
einen ein Funken Erkenntnis beglückt.
Du siehst den Vorhang ganz leise noch wehen.
Doch musst du vergessen, was du gesehen.

Man sieht nicht über den Rand der Zeit.
Und reckst du den Hals auch noch so weit.
Gefangen bist du im Augenblick.
Doch kommt bald der nächste. Zu unserem Glück.

Dereinst

Der Klang violett den Abend durchdringt.
Von ferne der Wind vom Elysium singt.
Es mag dir wohl scheinen, du erreichtest es nie.
Doch täuscht dich schillernd die Traummelodie.

In purpurne Weiten, da zieht es dich hin.
Du suchst voll Sehnsucht den Schluss im Beginn.
Die ahnende Weise das Herz traurig macht.
Längst versunken der Welt düstre Pracht.

Noch kannst du nicht sprengen die Enge der Welt.
Die jubelnde Ahnung ist alles, was zählt.
Doch wirst du dereinst voll Fröhlichkeit fliegen.
Hin nur zur Sonne, im Glück dich zu wiegen!

eierschalen

wandeln auf eierschalen.
für das leben zahlen.
für gutes wie für schlechtes.
böses und gerechtes.
brüchig sind die wege.
eng ist das gehege.
die grenzen merkt man kaum.
doch freiheit bloß ein traum.
ins nirwana gleiten.
frieden still bereiten.
wissen nichts. kein spüren.
sich im dunst verlieren.
der wunsch sich heiß erhebt.
man es wild erstrebt.
oft es klingt wie hohn.
groß ist auch der lohn.
für das schlecht vollbrachte.
größer als man dachte.
leicht ist's, sich zu irren.
die wege zu verlieren.
freude und auch qualen.
wandeln auf eierschalen.

Schicksal zwingen

Der Traum entflieht
nach dunkler Nacht.
Neu erwacht
ist neues Lied.
Auch ein Traum?
Oder Leben?
Fallen? Schweben?
Man weiß es kaum.

Erwachen will ich aus dem Schein.
Mich finden dann im echten Sein.
Ewig meine Kreise ziehen.
Wo trübe Schemen endlich fliehen.

Prolongiert.
Man beginnt.
Und gewinnt.
Man verliert.
Schicksal zwingen.
Mit Geisteskraft.
Und Leidenschaft.
Es muss gelingen.

Dankbarkeit

Weißt du noch, wie's damals war?
Die Welt war jung. Doch war sie klar?
Zweifel da und dort sich zeigte.
Wohin die Waage sich denn neigte.

Verworren schien gar viel zu sein.
Wegzuräumen mancher Stein
aus dem Weg, der weiterführt.
Erhielt ich wohl, was mir gebührt?

Wird wohl so sein. Ich kann nicht klagen.
Mir geht es gut. Das darf ich sagen.
Ob's auch verdient, das weiß ich nicht.
Doch bin ich dafür dankbar schlicht.

Umbruch

Ein breites dunkles Wolkenband
legt sich langsam übers Land.
Wo grade noch war Sonnenschein,
bricht jetzt Dunkelheit herein.

Letztes zages Lichtbemühen
will die Decke weg noch ziehen.
Doch verdrängt die düstre Macht
das goldne Licht und senkt die Nacht.

Mit wildem Brausen Sturm und Regen
fegen weg, was brachte Segen.
Mühsal, Fleiß und Redlichkeit
verlieren sich im Fluss der Zeit.

Nicht mehr gefragt, was sich bewährt.
Nur zu herrschen wird begehrt.
Starrheit wird vom Blitz gefällt.
Zu schaffen Raum für neue Welt.

Des Donners Stimme höhnend dröhnt:
Er nie mit Altem sich versöhnt.
Er rafft hinweg, was sich nicht beugt
und von Ehrbarkeit noch zeugt.

O finstre Zeit voll Hass und Not.
Erbarm dich unser, großer Gott.
Schütz uns vor des Sturmes Wüten.
Mögst uns vor Tyrannei behüten.

Herbstahnung

Der Morgen ist schon kühl.
Die Luft ein wenig rau.
Weiße Schleier ziehn.
Frühes Herbstgefühl.
Wiesen feucht vom Tau.
Der Sommer geht dahin.

Das Herz, es wird so schwer.
Ahnungsvoll und bang.
Sanfte Zeit verfliegt.
Einsam wird's und leer.
Späte Zeit, wie lang?
Am End man unterliegt.

Die Sonne blutrot sinkt.
Nach kürzrem Himmelsbogen.
Späten Sommers Reigen.
Ein Abschiedslied erklingt.
Hohe Zeit verflogen.
Die Gefühle schweigen.

Die späten Tage

Der späten Tage warmer Schein
noch einmal lädt zur Muße ein.
Genießen noch die Sonnenstrahlen,
die sanfte, weiche Bilder malen.

Das Herz erfasst nun tiefer Frieden,
wie nur selten ihm beschieden.
Ruhig es auf einmal schlägt.
Nichts Kleines jetzt es noch bewegt.

Wie lang behält das Herz das Licht,
das sich in allen Farben bricht?
Bis dunkle Zeit voll frost'gem Wind
es wild ergreift und macht es blind?

Lass dich fallen. Nicht dran denken.
Es wird dein Genius dich lenken.
Vom letzten Schein mit Hoffnung zehren.
Dass Licht und Wärme wiederkehren.

Freudentränen

Schreit hinweg über die Pein.
Dunkel bleibt Erinnerung.
Schließ den abgenutzten Schrein.
Die Ewigkeit ist immer jung.
Hingewandt zum Lebensgrün.
Der Weg auf buntem Regenbogen.
Auf Ruinen Blumen blühn.
Wolken haben sich verzogen.
Der Blumenpfad weist Dornen auf.
Doch kann man statt zu gehen fliegen.
Das Herz schwingt sich ganz hoch hinauf.
Am Ende Freudentränen siegen.

Unbekanntes Programm

Es ergibt sich immer wieder,
wenn verklungen sind die Lieder,
dass man sich fragt, was jetzt ertönt.
Doch solche Fragen sind verpönt.

Jedes Stück bereichern soll.
Sei es in Dur oder in Moll.
Das Programm ist unbekannt.
Das hält ein andrer in der Hand.

Erst dann

Kein Wort für mein Gefühl.
Der Freiraum eingeengt.
Das Leben ein Gewühl.
Die Ketten nicht gesprengt.
Was wundert mich die Welt?
Der Mensch ein Kettenhund.
Vom Stachelband gefällt.
Gefesselt an den Grund.
Wo sind die lichten Höhen?
Die weiten Wiesen grün?
Wo linde Lüfte wehen?
Und Freudenwolken ziehn?
Noch ist dafür nicht Zeit.
Der Misston muss verklingen.
Erst dann das Herz wird weit.
Und kann vor Freude singen.

Lebensschule

Das Leben spricht in Gleichnissen.
Und lehrt dich durch Entsprechungen.
Nicht suche in Verzeichnissen.
Zahl lieber deine Rechnungen.

Kannst du im Feinen nicht erkennen,
was dir zu wissen aufgetragen,
musst du am Ende alles nehmen,
auch das Schlimme, und nicht klagen.

Vorbeigelebt

In weiter Ferne liegt,
was einstens so vertraut.
Mein Gedanke fliegt.
Voll Sehnsucht er's erschaut.

Die Stätte allen Seins
Verlorenes bewahrt.
Im Licht des hellen Scheins
die Musengabe harrt.

Nur ahnungsvoll im Traum
erlangen das Ersehnte.
Doch an des Lebens Saum
gab's andres, als man wähnte.

Befreiung

Ist der Bann einmal verhängt,
die Geisteskraft ist schnell verdrängt.
Drum wehr sogleich dem dunklen Sinnen.
Mut'ger Glaube lässt entrinnen
dich der bösen Zaubermacht,
die dich mit Zweifel will umspinnen.
Du wirst den Geist zurückgewinnen,
der das Dunkle siegreich sprengt
und mit hellem Licht durchmengt.

Intuition

Lass endlich los den Strick der Gedanken,
welche dich quälen bei Tag und bei Nacht.
Die deine Ruhe bringen ins Wanken
und haben den Zweifel in dir entfacht.

Den Ausweg aus dunklen Tiefen zu finden.
Am Strahl der Erkenntnis zu klimmen empor.
Aufs Neue den leuchtenden Funken zu zünden.
Es geht das Ziel aus dem Wunsche hervor.

Im Meer der Unendlichkeit finden, was zählt.
Ergreifen das Wahre entschlossen und fest.
Sanft wird am End dir gegeben, was fehlt.
Doch nur, wenn du ruhig geschehen es lässt.

Unwetter

Die Geister der Lüfte, sie ziehen heran.
Sie türmen den Dunst zu Wolken und dann
beginnt eine Schlacht zwischen Dunkel und Licht,
als wäre es schon das jüngste Gericht.

Es ragen die weißen Wolkengebilde
unendlich hoch in den Himmel wie Schilde,
zu wehren dem Angriff der schwarzen Dämonen,
die in den dunklen Wolken da wohnen.

Ganz weit draußen, am Ende des Meeres,
ziehen die Ritter des dämonischen Heeres.
Bestürmen die Wächter, die bewahren und schützen,
mit rollendem Donner und zuckenden Blitzen.

Im Kampfe entlädt sich der tosende Regen.
Die Geister des Wassers wütend bewegen
die Wellen hoch zu gewaltigen Türmen,
die voller Grimm die Küste erstürmen.

Wenn die wütenden Wolkenreiter
wissen am Ende der Schlacht nicht mehr weiter,
die Sonne dem Treiben ein Ende dann macht
mit ihrer mächtigen Strahlen Pracht.

Die Geister der Lüfte zerstreuen sich bald.
Die Brandung noch lange vom Fels widerhallt.
Die Elemente sich dann nicht wild mehr gebärden.
Der Sonne Licht herrscht wieder auf Erden.

Nirwana

Es gibt Momente im Leben,
da scheint die Zeit stillzustehen.
Wo man entrückt meint zu schweben
und alles und nichts glaubt zu sehen.

Ein Blitz durchhellt dein Gemüt.
Erhebt dich im Augenblick.
Doch still im Geheimen erblüht,
lässt er nur Ahnen zurück.

Schwere verdrängt leichtes Sein.
Legt wieder sich über den Tag.
Erinn'rung kann noch verleihn
den Mut, zu überwinden den Schlag.

Sphärenflug

Ich schwinge dahin übers Sternenzelt
und halt in der Hand die ganze Welt.
Nichts hemmt den Flug meiner Phantasie.
Ich fliege und schwebe und lande doch nie.

Begleitet sanft von der Götter Gesang,
erfüllt wird mein Dasein mit lieblichem Klang.
Geweitet der Seele friedvoller Hain.
Lässt sie empfangen die hymnischen Weih'n.

Umhüllt von göttlicher Sphärenmusik,
ekstatisch sich weitet der Seele Blick.
Behütend, empfangend und schaffend zugleich,
erricht ich mein eigenes Himmelreich.

Ergebenheit

Vergangen die Zeit, wo hoch du geflogen.
Doch ist dir das Schicksal weiter gewogen,
wandle zufrieden auf ebenem Grunde
und lebe fortan von der Hand im Munde.

Zeigt sich dir manchmal am Ufer des Lebens
ein liebliches Blümlein, so hoffst du vergebens,
dass es dir schmücke dein heimliches Zimmer.
Erfreu dich an Form und Farbenschimmer.

Verlässt du dereinst die herbstliche Straße
und suchst Ruhe im grünen Gelasse,
sieh zu, dass die Sonne weiter dir scheint.
Dann bleibst du mit deinem Geschicke vereint.

Nie vergessen

Wo werden wir sein, wenn die Sonne gesunken?
Wenn auch der letzte Wein ist getrunken?
Die nächtliche Stille befällt das Gemüt,
das bleich und kühl mit dem Mond einher zieht.

Dort, ja dort, wir träumen vom Leben,
das einstens uns wurde zu Lehen gegeben.
Verklungen, verklungen die Melodie.
Dunkel erinnern. Vergessen doch nie.

Weisheiten

Such nicht mit Gewalt zu finden,
was dir als Geschenk gedacht.
Deinen Eifer mag entzünden,
was noch nicht perfekt gemacht.

Sanftmut soll die Richtschnur sein.
Zorn und Groll vermeid', wenn's geht.
Doch bist's nicht immer du allein,
dem auf Sturm das Zeichen steht.

Reich die Hand nur zur Versöhnung,
wenn zum Verzeihen du bereit.
Sonst nimmt's der andre als Verhöhnung.
Und der Zwist währt ew'ge Zeit.

Bett' dein Herz doch nicht in Sand!
Lass es fliegen hoch im Wind.
Es mög sich suchen dann das Land,
wo Lieb und Glück zu Hause sind.

Heimkehr

Wie lieb ich es, dem Wind zu lauschen,
wenn spiel'risch er die Blätter kost.
Zu weilen, wo die Wasser rauschen,
der Wildbach steil zu Tale tost.

Vom Gipfel schauen weit ins Land,
wo sich in dunst'ger Fern verliert
des Flusses grün umkränztes Band,
mit Städten perlengleich verziert.

Erhebend ist's für Herz und Sinn,
von fernen Ländern, weiten Meeren,
nach langen Reisen zum Beginn
und Ursprung glücklich heimzukehren.

Verheißung

Tauch empor aus frost'ger Klüfte
dunstgem Schlund. Such der Höhen
hellen Schein, die lauen Lüfte,
die die Trauer schnell verwehen.

Wenn der Strahlen sel'ges Gold
dich allerwärmend dann umhüllt,
zuteil wird dir, was du gewollt.
Die Sehnsucht glänzend wird gestillt.

Taumelnd, jubelnd, überschwänglich
löst sich der Seele alter Zwang.
Sie weitet froh sich und unendlich.
Vereint mit ew'ger Sphären Klang.

Sanfter Zauber

Es geht meist unter im Tosen der Welt
das leise Singen der Elfen im Tann,
welches dem Reinen das Märchen erzählt,
wie einstens das sterbliche Leben begann.

Wer ihnen sich nähert mit klarem Gemüt,
geladen kann werden zum kindlichen Reigen.
Stets es ihn wiederum dorthin zieht,
wo die Geister sich huldvoll ihm zeigen.

Frieden ist dort und Lieb und Verstehen.
Zart ins Herz strahlt der silberne Mond.
Bevor die raunende Nacht wird vergehen,
Sanftmut wird zärtlich mit Wissen belohnt.

Stets länger und öfter bei ihnen er bleibt.
Verfällt immer mehr ihrem gütigen Bann.
Im Herzen die Sehnsucht auf ewig ihn treibt.
Man fand ihn entschlafen, doch lächelnd im Tann.

Nebel

Weiß der Nebel niederdrückt
mit feuchten Laken karges Land.
Licht und Freude sind entrückt
in ferner Zeiten schmales Band.
Das Skelett des alten Baumes
triefend nass da trostlos steht.
In der Einsamkeit des Raumes
klagend er zum Himmel fleht.
Lang vergangen Grün und Leben.
Längst entschwunden alle Kraft.
Wird's nochmals einen Frühling geben?
Wird er vom Frost hinweggerafft?
Um ihn herum ist's ruhig geworden.
Grau die Scholle, dürr das Gras.
Die Winde wehen nun von Norden.
Träges Herz, erstarrt zu Glas.
Im Traum der Lenz ein Lied ihm spielt.
Die Knospe stark ans Licht sich drängt.
Doch müde er nur Kälte fühlt.
Die Dämmerung ihn sanft umfängt.

Aufs Neue bereit

Verloren die Zeit.
Versandet die Wege.
So endlos weit.
So müde und träge.

Stillstand bei Nacht.
Rundum nur Leere.
Verlorene Macht.
Bleierne Schwere.

Wird es gelingen?
Sich zu befreien?
Den Dunst zu durchdringen?
Die Qual nicht zu scheuen?

Stillstand ist Tod.
Es vergeht auch die Nacht.
Ertönt Morgenrot.
Des Sonnenscheins Pracht.

Wege sich zeigen.
Glänzend und breit.
Sich vielfach verzweigen.
Aufs Neue bereit.

Das Herz ersteht

Tropfen diamantengleich
an entlaubten Ästen hängen.
Dürre Finger geisterbleich
sich düster in den Nebel zwängen.
Des gelben Tags vergessne Pracht.
Das milde Gold des Herzens Licht
zersetzt vom Zauber dunkler Nacht,
erdrückt von böser Macht Gewicht.
Beschränkt wird jäh die Außenwelt.
Der Blick tief in die Seele geht.
Wenn ringsumher Erleuchtung fehlt,
aus Seelentiefen Wissen weht.
Vergessen möge doch nicht sein
der Strahlen wunderbarer Glanz.
Die Hoffnung bleibe nicht allein
auf freud'ger Götterfunken Tanz.
Wenn das Feuer wiederkehrt
mit lust'gem Flackern und Erstrahlen,
das Herz ersteht ganz unversehrt
aus Düsternis und Nebelqualen.

Positive Bilanz

Kann es sein, dass man vergisst,
was einem zugestoßen ist?
Dass der Schmerz zuletzt vergeht?
Dass den Sinn man doch versteht?

Muss es sein, dass schnell entschwindet,
was den Weg zum Herzen findet?
Dass sich verflüchtigt alles Glück?
Dass kaum ein Ahnen bleibt zurück?

Glück und Unglück gehn vorbei.
Die Seele seufzt und macht sich frei.
Doch die Erinn'rung länger währt,
wenn ihr Gutes widerfährt.

Gefühle aus uneinheitlichen Richtungen

Zart ein Gefühl. Es streicht
über mein Herz.
Mir wird so warm und leicht.
Geht südenwärts.

Nicht beständig ist es.
Behagen verstrich.
Melancholie und Tristesse.
Österlich.

Kalte Ohnmacht und Zorn.
Schmerz mich befällt.
Bohrt sich ins Herz wie ein Dorn.
Nördliche Welt.

Der Regen löst mir die Tränen.
Extreme verwehen.
Die Tat verdrängt mein Sehnen.
Auf Westen drehen.

In der Falle

Was ist zu denken, ist zu sagen?
Wenn du hörst in diesen Tagen,
dass, was mühsam ward errungen,
ist im Sturm der Zeit verklungen?

Angst droht dort und da zu lähmen.
Sollte man sich dafür schämen?
Nein. Denn dies stünd' jenen an,
die kalt der Welt das angetan.

Die aus Gier nach Macht und Geld
unterdrücken diese Welt.
Und wir alle schauen zu,
wie die Freiheit stirbt im Nu.

Die Warner wurden ausgelacht.
Doch stehn wir mitten in der Schlacht.
Und sitzen fröhlich in der Falle.
Die Opfer letztlich sind wir alle.

gefrorner traum

der tag versinkt
im dämmerschnee
im frost ertrinkt
das letzte weh
die nacht sie hängt
mit samtner hand
was einst gekränkt
an traumes wand

die sehnsucht hebt
das stumme haupt
sie wieder lebt
das herz gern glaubt
dass erwacht
mit ihr die liebe
hofft ganz sacht
dass sie auch bliebe

im morgenfrost
der traum erfriert
mit ihm der trost
die kraft verliert
doch hoffnungsreich
vom seelensaum
hägt zapfengleich
gefrorner traum

Vatersegen

Vater, gib mir deinen Segen
als deine letzte Liebesgabe.
Dass ich auf allen meinen Wegen
deinen Schutz stets mit mir habe.

Aufs Innigste will ich dir danken.
Warst stets gut und wahr zu mir.
Manchmal musstest du mich zanken.
Doch auch das stand meist dafür.

Du gehst voran, lässt mich zurück.
Zeigst mir, wie's einst mir ergeht.
Du wiesest mir den Weg ein Stück.
Doch unsre Spur der Wind verweht.

Ich reiche meine Hand den Meinen.
Leite sie durch Sturm und Regen.
Eh wir uns alle dort vereinen,
geb ich weiter einst den Segen.

Ein kleines Wort

Ein Todeshauch ist Schweigen.
Kann nur Verachtung zeigen.
Was gut gemeint, erstirbt.
Die Hoffnung jäh verdirbt.

Lob bringt Freude pur.
Ein kleines Wort oft nur.
Ermuntert, was beschämt.
Beflügelt, was gelähmt.

Fassen neuen Mut.
Was schlecht war, wird dann gut.
Am End man sich nur fragt,
wer das Wort doch sagt.

Im Spiegel dein Gesicht

Ich seh im Spiegel dein Gesicht.
Auch aus des Fensters hellem Licht
strahlt mich dein Lächeln freundlich an.

Wohin ich schaue, horche, gehe.
Du bist stets in meiner Nähe.
Und doch hab ich soviel vertan.

Zuwenig hab ich dir gegeben.
Wollte stets nach Höh'rem streben.
Übersah das Glück mit dir.

Ist's schon zu spät, es gutzumachen?
Aus eitlem Traume aufzuwachen?
Ich liebe dich, so glaube mir!

Wenn auch viel Zeit ist schon vergangen,
können wir noch Glück erlangen.
Denn auch ein Umweg führt zum Ziel.

Wozu dich nur im Spiegel sehen?
Besser ist, zusammen gehen.
Gemeinsam leben voll Gefühl.

ewiges spiel

erfassen das leben
in allen facetten
ergreifen, erheben
finden die stätten
wo herzen erbeben

wahrheit aus lüge
aus dunkel das licht
verlorne intrige
komplexes wird schlicht
im grabe die wiege

vergessen das ziel
der weg ist zu gehen
nichts oder viel
alles bestehen
im ewigen spiel

Himmlische Gabe

Liebe passiert
als himmlische Gabe.
Es verliert
sich jedes Gehabe.

Schlicht im Geben.
Dankbar empfangen.
Im stetigen Streben
Freude erlangen.

Behutsam bewahren.
Zerbrechlich ist sie.
In allen Gefahren
vergessen sie nie.

Depression

An manchem Tage
siehst du die Sonne nicht.
Auch wenn grell ihr Licht
dir voll ins Auge sticht.

Es ist die Frage,
wie du vertreibst die Nacht,
die verbirgt die Pracht
und dich traurig macht.

Bittre Klage.
Lass doch zu den Schmerz,
der erfüllt dein Herz.
Send ihn himmelwärts.

Nicht verzage.
Mit Macht ein Lichtstrahl zieht
ins düstere Gemüt.
Und Freude neu erblüht.

Erleuchtung

Ich seh den Eingang manchmal nicht
in das innere Gebäude,
wo zu Hause ist das Licht.

Hab ich gefunden dann das Tor
und trete ein dort voller Freude,
find ich nur dunkle Stille vor.

Im Labyrinth der Seelengänge
verborgen tief, was inspiriert
und überwinden hilft die Zwänge.

Mein Herz im Zweifel endlos ringt.
Wo ist der Weg, der dahin führt,
was mir zuletzt Erleuchtung bringt?

Erfrorener Trost

Das eis'ge Laken deckt das Land,
das erstarrt und bleich da liegt.
Der Winter herrscht mit Todeshand.
Der Liebe Wärme ist versiegt.

Kann denn das Herz die Zeit verwinden,
wenn die Kälte nächtens bricht,
was die Liebe mag entzünden
und holt herab der Sonne Licht?

Verweht kristallenes Gefühl,
das in kalter Nacht verblich.
Mondschein fahl verdeckt das Ziel.
Die Spur verliert im Ew'gen sich.

Gefangenes Glück

Ich mach die Augen zu.
Hör sanften Wellenschlag.
Ich spüre, da bist du.
Wie sehr ich dich doch mag!
Der Sonne warme Strahlen
auf meiner Augen Grund
grellbunte Flecken malen.
Du küsst mich auf den Mund.
Ich halte deine Hand
und träume still vom Glück.
Unsrer Liebe Band
vertieft den Augenblick.

Ich mach die Augen auf.
Seh nur die weiße Wand.
Wo blieb der Wolken Lauf,
das Streicheln deiner Hand?
Wo ist des Meeres Schlag,
der zart uns eingehüllt?
Und wo der Sonnentag,
der uns das Herz erfüllt?
Durchs offne Aug entfahren.
Die Lider schnell gesenkt,
das Schöne zu bewahren,
das mir ward geschenkt.

Ew'ger Augenblick

Dein Herz hat einmal mir gehört.
Doch du hast unser Glück zerstört.
Hast mein Herz erst eingefangen
und bist dann heimlich weggegangen.

Ohne Herz leb ich jetzt weiter.
Kein Gefühl, nicht ernst, noch heiter,
wohnt in meiner leeren Brust.
Ich lebe, doch nur unbewusst.

Ein einz'ger Wunsch sich leis noch regt:
Wenn dich noch irgendwas bewegt,
bring mir doch mein Herz zurück!
Für einen ew'gen Augenblick.

Quod licet ...

Wenn schon, denn schon, sagt er sich.
Macht unter Ehre einen Strich.
Ich nehme alles, nicht ein wenig.
Dann bin statt Bettler ich ein König.

Mache es den Großen nach.
Die sind stark und niemals schwach.
Leben stets in Saus und Braus.
Bei ihnen ist das Geld zu Haus.

Doch er vergaß den alten Spruch:
Dem Kleinen wird's sehr bald zum Fluch,
was dem Gott geziemt zur Ehr.
Man zog ihn bald aus dem Verkehr.

Leicht gesagt

Die Weisheit spricht
mit tausend Zungen.
Obwohl er vieles
ausbedungen,
am Wahren er zerbricht.

Kann nicht ertragen,
was geschieht.
Abseits des Zieles
er entflieht.
Muss vor sich selbst versagen.

Wiederkehr

Du wolltest gehen.
Hinaus in die Nacht.
Wer soll verstehen,
was du gedacht?

Bald wirst du wissen,
wie es mir ging.
Das Band jäh zerrissen.
Geborsten der Ring.

Kehre zurück
am rosigen Morgen.
Mach neu unser Glück,
das lange verborgen.

Das Band neu geschlungen.
Der Ring an der Hand.
Was schwer ward errungen,
hat länger Bestand.

Spaß

Nimm den Ernst doch nicht so ernst!
Sonst die Freude du verlernst.
Ernst zu nehmen sei der Spaß.
Doch nur niveauvoll zählt hier was.

Heiterkeit, die reich an Geist,
als sehr schwierig sich erweist.
Ist für den auch nicht gedacht,
der lieber über Derbes lacht.

Doch Lachen immer hilfreich ist,
weil auf den Kummer man vergisst.
Den Spaß nimm ernst, sei es, wie's sei.
Dann macht die Heiterkeit dich frei.

Verborgenes Ziel

Verloren im dunklen Nebel der Zeiten.
Doch unverzagt heißt es weiter nur schreiten.
Wenn auch der Zweifel tief drinnen nagt leise,
weil man nicht kennt den Grund für die Reise.

Man ist schon froh, wenn die Beine noch tragen.
Was soll da das Hadern und heimliche Fragen?
Durch Frost und durch Regen eilt man schnell weiter.
Einmal muss werden es doch wieder heiter.

Glücklich man ist, wenn die Fahrt geht zu zwei'n.
Denn schrecklich ist es, zu reisen allein.
Man trägt verbissen gemeinsam die Lasten.
Genießt's zwischendurch, in Frieden zu rasten.

Ob das Ende die Sehnsucht uns stillt?
Sich ein klein wenig die Hoffnung erfüllt?
Die Beine sind müde. Das Herz schlägt nur träg.
Das Ziel liegt im Nebel. Nicht nur der Weg.

Sei zufrieden

Es gibt nicht vieles, das genügt.
Man ist mehr traurig als vergnügt.
Die Sonne scheint zu wenig hell.
Und die Zeit vergeht zu schnell.

Des Lebens Last ist viel zu schwer.
Die Pflichten nehmen einen her.
Kleine Leiden ständig quälen.
Man kann sein Alter nicht verhehlen.

Doch manchmal kommt ein Geistesblitz:
All die Sorgen sind ein Witz.
Im Prinzip geht es dir gut.
Sei zufrieden, fasse Mut.

zeitgewühl

verflogen das gefühl
leere überall
tiefer trauer sehnen
verlangen viel zu viel
gehn auf grat zu schmal
an brüch'ges glas sich lehnen

        ungeduld
        ohne schuld
        oder doch
        versäumte pflicht
        oder nicht
        wie lange noch

sich ratlos einsam wähnen
des geistes sonn'ger strahl
nur ein flücht'ges spiel
spröde herzenstränen
splittern ohne zahl
im hast'gen zeitgewühl

Ersatz

Thema

Man hat es besessen und schätzte es nicht.
Dann ging es verloren auf ewig und immer.
Erflehtest aufs Neue dir dann ein Licht.
Es tröstet dich sanft mit kärglichem Schimmer.

Es hilft dir hinweg über früheres Leid.
Lässt dich behüten aufs Beste das Gut.
Was schwierig geworden im Laufe der Zeit,
lässt sich beherrschen mit fröhlichem Mut.

Variation 1

Was verloren, bleibt verloren.
Du kannst es wiederfinden nicht.
Doch hast das Schicksal du beschworen,
kommt von anderswo ein Licht.

Es bietet Trost. Doch meist nur schwach.
Behüten sorgsam drum das Gut.
Über Schwierigkeiten lach
und fasse unerschrocken Mut.

Variation 2

Das was war,
war früher klar.
Ist nun verworren
und verloren.
Zum Schicksal flehen.
Licht neu sehen.
Bewahr es gut.
Mit neuem Mut.

Variation 3

Besessen.
Verloren.
Vergessen.
Beschworen.

Erflehen.
Erhalten.
Bestehen.
Verwalten.

Blick in die Ewigkeit

Blicke in die Ewigkeit.
Verlasse freudig Raum und Zeit.
Schwinge dich in Sphärentiefen,
die seit Zeiten heimlich riefen.
Der Seele Fühlen ist geweitet.
Im Farbenmeer, durch das sie gleitet,
Musik des Himmels hell erklingt.
Licht und Ton sie ganz durchdringt.
Glückseligkeit, unfassbar groß,
lässt die Seele nicht mehr los.
Es gibt kein Wünschen und kein Sehnen.
Besiegt der Tod, versiegt die Tränen.
Doch einmal endet dieses Glück.
Der Vorhang fällt. Verwehrt der Blick.
Wieder ziehen auf Erdenbahnen.
Vom Ewigen bleibt nur ein Ahnen.

gier

gier macht tod
gierige macht
mächtiger tod
tödliche gier
gieriger tod
tödliche macht
mächtige gier
gier macht tot

Ausweglos verloren

Die Morgenröte
ist verstummt.
Die Sphärenklänge
tief versunken
in das Dunkel
abgrundtief.
Die Enge schnürt
den Herzschlag ein.
Sinnen, ahnen.
Schicksalshaft
der Dornenlauf
der Welt
erzittert.
Der freie Gang
des Lebens
festgenagelt
an der Wand
der Macht.
Verloren
alle Güter.
Versunken
alles Gute.
Ausweglos
das Streben.
Ausweglos.
Verloren.
Ausweglos verloren?

dort draußen

dort draußen
verlor ich
den glauben
an dich
ließ ich zurück
meine liebe
erfroren
all mein gefühl
verloren meine seele
mein herz begraben
im schnee
mein lachen versunken
im gefrorenen see
wenn dereinst
der frühling
jäh taut
den eisigen panzer
werdet ihr
finden mein herz
das tot
und blutlos
da liegt
nicht fähig
zu schlagen
den takt
des lebens
und du
du bist weit weg
im scheine
des südens

Schatzsuche

Die Schwärze
der Nacht
deckt zu
des Bewusstseins
quälende Leere.
Im Abgrund
des inneren Seins
liegt die Antwort
auf all die
gewaltigen Fragen.
Reicht wohl die Kraft
für den Abstieg
so tief
und so weit?
Reicht der Mut
sich zu nehmen
den Schatz
aus der Mitte
des Feuers,
das umringt ist von
schillernden Blumen?
Sie zertreten für
den goldnen Glanz?
Der blendet die Augen?
Löst auf den Verstand?
Erschüttert das Herz?
Doch zerreißt auch die Fesseln.
Nach oben streben behende.
Befreit.
Ans lebendige Licht.

Im Dunkel wandelst du allein

Herauf
aus Urzeit grau
der Weg
dich führt
ins Tal der Tränen
und des Leids.
Einst auf
sonn'ger Höh
versiegte
zahm die Quelle
ew'gen Grams.
Die Freude
machte singen dich
und tanzen.
Doch nun
im Dunkel
wandelst du allein.
Ob neue Morgenröte
breitet weit
der Hoffnung Tau?
Dass netzen möge er
dein Haupt
und waschen weg
der Tränen
salz'ges Nass.
Der Morgenstern
den Weg soll weisen
ins glückselige Land,
das gestern war
und morgen ist.

todeshauch

vergebens
wacht die elfe
bei der blume
es verbleichen
die farben
flieht der duft
im schwülen
dunst
der lauten welt
wenn die stiefel
trampeln
alles nieder
bleibt kein gefühl
mehr in der brust
die elfe seufzt
und sinkt hernieder
sie hält fest
die reine blüte
und vergeht
im todeshauch
vielleicht
dass sie einst
wiederkommt
wenn die sonne
ungetrübt
die welt erhellt

damals

damals
war die sonne
heller
der tag
länger
die nächte
stiller

damals
schlug
das herz schneller
der blick
war klarer
die ungeduld
größer

heute
ist das blut kälter
der blick geht
nach vorn
mit bangen
zurück
mit bedauern

damals
hätte man
alles anders
machen können
doch heute
ist das damals
von morgen

Vollkommen

Ein leiser Hauch
berührte sanft
mein Herz.
Wie Engelsflügel
strich's mir
übers Haar.
Ich spürte
Glück und Freude
übergroß.
Liebe überirdisch
weckte mich
aus tiefer Nacht.
Kein Wunsch
mehr
trieb mich weiter.
Wo ich war,
wie ich war,
wer ich war ...
bedeutungslos.
Es war genug.
Es war
vollkommen.

Buch 3

schicksalwärts

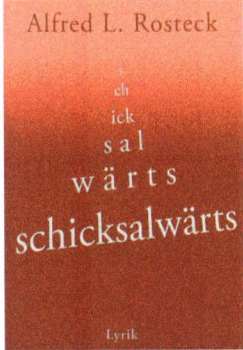

Erschienen 2011

Ist uns im Leben die Richtung vorgegeben? Oder haben wir die freie Entscheidung über den Weg, den wir einschlagen? Doch bietet sich uns im Rahmen des Lebenswegs immer die Wahl zwischen Alternativen. Wir gehen „schicksalwärts". Bis an unser letztes Ziel.

schicksalwärts

was schreit mein herz?
wer kann es verstehn?
es muss vergehn
der heimliche schmerz.
jetzt und für immer.
verstrichen die zeit.
ich bin es leid,
das ew'ge gewimmer.
auf! voller mut!
muss noch mehr geben
in diesem leben.
es geht mir doch gut.
so schweige, mein herz!
suche den sinn.
wo gehe ich hin?
schicksalwärts.

Unbekannte Partitur

Wenn sanft und süß die Geigen singen,
und tief dir in die Seele dringen
Melodien aus Himmelssphären,
wünschst du, es sollt ewig währen.

Seligkeit und tiefer Frieden
sind dir freudig dann beschieden.
Doch kennst du nicht die Partitur.
Was steht denn dort geschrieben nur?

Es ist der strenge Dirigent,
der Stück und Noten besser kennt.
Scheucht die Pauken und Trompeten,
die bald den Geigenklang verwehten.

Auch die Trommel dann erwacht
und dem Idyll ein Ende macht.
So scheint das immerzu zu gehn,
wenn die Musik klingt gar zu schön.

Zeit der Blumen

Zur Zeit der Primel schritten wir
durch grüne Wiesen.
Zur Zeit der Rose roter Zier,
da ward sie mein.
Zur Zeit der Aster Nebelschleier
drohend fließen.
Zur Zeit des Christsterns keine Feier.
Bei Nacht allein.

Mondliebe

Ganz oben, dort beim goldnen Mond,
meine Sehnsucht traurig thront.
Meine Sehnsucht nach dem Glück.
Komm mir doch entgegen ein Stück!
Lieber Mond, erbarme dich!
Nie ein Sehnen meinem glich.
Fern ist sie von mir, so fern!
Weiter als des Nordens Stern.
Doch verdien ich diese Pein.
Weil ich, ja ich, ließ sie allein.
Deswegen mir wohl recht geschah.
Geläutert stehe ich jetzt da.
Du guter Mond, leucht ihr ins Herz!
Lass sie blicken himmelwärts
und sehen, was geschrieben dort.
Sie lese da mein Sehnsuchtswort.
Ganz oben, dort beim goldnen Mond,
mein krankes Sein für immer wohnt.
Bis ich nimmer leiden muss,
weil mich erlöst ihr süßer Kuss.

Gleichgewicht

An schwachen Seilen quert
die Brücke der Gedanken
den Abgrund der Gefühle.
Kann nie unbeschwert
und ohne leichtes Schwanken
mich nähern meinem Ziele.

Der Zweifel schwingt die Keule.
Zum tiefen schwarzen Schlund
ich schaudernd abwärts blick'.
Doch halten mich die Seile.
Ich ginge wohl zugrund,
wär mir nicht hold das Glück.

Obwohl es scheint verkehrt,
Gefühle fest umranken
der Logik hartes Rund.
Ich bleib nur unversehrt,
weil beide sich nicht zanken
und schließen einen Bund.

Es sind der Schritte viele,
die mich Stück für Stück
und nach geraumer Weile
entfernen dem Gewühle.
Ich danke dem Geschick.
Es führte mich zum Heile.

Der einsame Sänger

Er sang so schön.
Und so rein.
Bis höchste Höh'n,
ohne zu schrei'n.

Auch sang er gern.
Und voller Kraft.
Doch war ihm fern
die Hörerschaft.

Er sang zu Haus.
Konnt' keiner hören.
Den Applaus
musst' er entbehren.

Möchte die Welt
so gern entzücken.
Doch weit gefehlt.
Es will nicht glücken.

Wie schön er sang
und auch wie rein:
Ein Leben lang
sang er allein.

Obwohl sein Lied
zum Himmel fliegt:
Der Unterschied
im Beifall liegt.

Was bleibt

Die Nacht bricht herein.
Verklingend das Licht
am tiefblauen Tage.
Verdämmert der Stein,
an dem alles zerbricht.
Auch deine Klage.
Das dunkle Gespinst
auf deinen Wunden
beruhigt dein Blut.
Die Chance du gewinnst,
erneut zu erkunden,
wo dein Herz ruht.

Ist es dort oben,
wo der Mond fliegt
zwischen den Sternen?
Oder dorthin verschoben,
wo bleichkalt sie liegt
in düsteren Fernen?
Den Stern deines Lebens
der Tod dir entriss.
Gebrochen der Stab.
Trotz allen Strebens
nur eins bleibt gewiss:
Der Stein auf dem Grab.

Was man spürt

Da ist nichts mehr.
Wohin nur, wohin?
Es fällt jetzt schwer,
was lief so dahin.

Erkaltet das Fühlen.
Die Brust voller Schmerz.
Die Speerspitzen zielen
mitten ins Herz.

Der Untergang lockt.
Wär alles vorbei.
Der Wille jäh stockt.
Ist man dann frei?

Zwänge gespürt.
Aufs Neue geprellt.
Ängste geschürt.
Freiheit zerschellt.

Lass gehen, lass laufen!
Wer weiß schon, was wird?
Leben heißt raufen.
Gelebt, was man spürt.

Sternentanz

Aus düstrem Nebel sich erheben
und aufwärts zu der Sonne streben.
In hellstes Liebeslicht gehüllt
fliegt das Herz, von Glück erfüllt.

Mög der Flug bloß ewig währen!
Nie zurück zur Erde kehren.
Schweben zeitlos durch den Glanz
in mild beschwingtem Sternentanz.

Halt mich fest

Komm zu mir und halt mich fest!
Mein Herz fühlt elend sich und leer.
Glücklichsein fällt mir so schwer.
So komm zu mir und halt mich fest!

Komm zu mir und halt mich fest!
Vielleicht kannst du mir Liebe geben?
Dann kann mein Herz vor Freude schweben.
O komm zu mir und halt mich fest!

Komm zu mir und halt mich fest!
Zwar weiß ich, dass dies kurz nur geht.
Denn die Zeit mein Herz verweht.
Doch komm zu mir und halt mich fest!

Komm doch zu mir und halt mich fest!
Da wird mir um das Herz so weh.
Den letzten Weg allein ich geh.
Und hältst du mich auch noch so fest!

Die silberne Rose

Eine silberne Rose
erblüht in tiefblauer Nacht.
Sie hat die eisstarre Pose
des Herzens zum Schmelzen gebracht.

Die Sehnsucht verlangend erwacht.
Wohin ist die Liebste, wohin?
Wer kann brechen die Macht,
die schirmte ihr Herz von Beginn?

Der Liebe kann niemand entfliehn.
Der silbernen Rose Strahlen
am nächtlichen Himmel erglühn
und mächtige Bilder malen.

Leidet wie ich sie nun Qualen?
Beginnt auch sie mich zu missen?
So mög sie ihr Säumen bezahlen
mit heißen und zahllosen Küssen.

Sie heile mein Herz, das zerrissen.
Zärtlich mit sanftem Gekose.
Zu danken werden wir's wissen
dem Leuchten der silbernen Rose.

Nur ein Traum

Wenn das Klavier ganz zart erklingt,
die Sehnsucht mich zum Träumen bringt.
Ich stell mir vor, bei dir zu sein.
Doch bin im Mondschein ich allein.

Ob du den Liebesstern erblickst?
Einen Gruß mir zärtlich schickst?
Denkst du überhaupt an mich?
Du hast's vergessen sicherlich.

Doch halt: ich denk an deinen Schwur.
Mich du wolltest lieben nur.
Und das auf ewig und mit Kraft
und aller deiner Leidenschaft.

Im Mondschein silbern glänzt das Meer.
Sein Rauschen fern dringt zu mir her.
Wärst du bei mir, dann wüsst ich was.
Du hattest daran stets viel Spaß.

Die Lichter in der Bar gehn aus.
Der Pianist verlässt das Haus.
Im Wind verweht die Melodie.
Doch meine Sehnsucht endet nie.

Obwohl es mittlerweile Nacht
bin ich wieder aufgewacht
aus dem Traume, dich zu lieben.
Doch er allein ist mir geblieben.

Verlorene Liebe

Vergeblich gewartet auf dich.
Am Morgen, als die Tränen heiß fielen
mir tief ins hoffende Herz,
und nie die Angst von mir wich,
da ahnt' ich, du wolltest nur spielen
und treiben mit mir deinen Scherz.

Der Tag sich blutrot erhebt,
entflohen der düsteren Nacht.
Was Hoffnung für andre gebiert
und Rosen ins Herz ihnen webt,
unterwirft mich der Todesmacht,
durch welche man alles verliert.

Warum bist du fern mir geblieben?
Zu finden dein Lächeln im See,
steig ich die Stufen hinab.
Könnt ich noch einmal dich lieben,
vergessen mein einsames Weh,
ich folgte dir freudig ins Grab.

Das letzte Gefühl

Vergangen scheint vieles,
was einst war vertraut.
Statt des Gefühles
nur Stille wird laut.

Überall Schweigen.
Es breitet sich Leere.
Nichts will sich zeigen,
was lindert die Schwere.

Was bleibt, ist der Schmerz.
Solang man ihn spürt,
lebt noch das Herz,
das sonst nichts mehr rührt.

Am stillen See

Dort draußen,
am stillen See,
wo blüht der wilde Jasmin,
erblickte ich sie.
Wie war sie doch süß!

Nahe dem Ufer,
im seichten Wasser,
gleich unter den Weiden,
stand sie badend, makellos weiß.
Wie war sie doch reizend!

Ich stieg vom Pferd
und schritt leise heran
durch das wogende Gras.
Bewunderte ihre holde Gestalt.
Wie war sie doch schön!

Sie entdeckte mich nicht.
Ans Ufer kam sie.
Umspielt von ihrem goldenen Haar.
Ich breitete aus meinen Mantel.
Wie war sie doch zart!

Dort draußen,
im hohen Gras,
verschämt, doch neckisch verspielt,
ward sie die Liebste mein.
Wie war sie doch süß!

Trügerische Hoffnung

Wenn des Nachts mit bleichem Licht
der Mond in meine Träume scheint,
mein Herz vor Sehnsucht fast zerbricht.
Wär mit dem deinen gern vereint.

Die Schatten nachts viel schwärzer sind.
Die Hoffnung wird so winzig klein.
Endlos zäh die Zeit verrinnt.
Muss ich ewig fern dir sein?

Endlich dann der Tag gewinnt.
Und im hellsten Sonnenschein
der böse Albtraum schnell zerrinnt.
Es stellt sich neue Hoffnung ein.

Sicher kehrst du bald zurück.
Wir lieben innig uns dann wieder
und schwelgen froh im Liebesglück.
Bis der Abend sinkt hernieder.

Denn wenn der Mond mit bleichem Licht
wiederum so voller Hohn
meinem Herzen Ketten flicht,
stiehlt sich die Hoffnung rasch davon.

Ernüchternde Erkenntnis

Selbst beim hellsten Sonnenschein
kann man sich nicht immer freu'n.
Denn da sind Wolken, die umdüstern
rabenschwarz das Herz.

Sie sind für andre unsichtbar.
Doch für dich selbst nicht minder wahr.
Sie dich umraunen bosheitslüstern.
Bereiten dir viel Schmerz.

Fliehe hin zum hellsten Feuer.
Rette, was dir einst war teuer.
Den innren Funken neu entzünden,
die Nacht zu überstrahlen.

Ob neu ersteht die Schöpferkraft?
Begeisterung und Leidenschaft?
Die stille Stärke wiederfinden.
Bunte Bilder malen.

Doch schnell die Frage sich erhebt,
wo denn das hellste Feuer lebt.
Wo ist Erleuchtung wohl zu Hause?
Wird sie mir gegeben?

Die Hoffnung aufrecht zu erhalten,
das Bemühen zu entfalten,
mit Geduld und ohne Pause,
ist wohl genug fürs Leben.

Widersprüchlichkeiten

Tief geschlafen hat der Mut
und fand hernach in dumpfer Glut,
was lässt ihn taubenetzt erwachen.

Was widersprüchlich scheint im Leben,
kann dir die Erklärung geben
für all die unliebsamen Sachen.

Kriech doch, wenn du leiden willst!
Statt dass du die Sehnsucht stillst,
verweilst du trotzig tief im Graben.

Dass du heute nicht kannst singen,
lässt dich wild die Hände ringen.
Doch vermeide dies Gehaben.

Glut und Tau, Staub und Regen
werden dich voran bewegen.
Erlös den unsagbaren Fluch.

Emporgetrieben ohne Ende.
Breit weit aus jetzt deine Hände.
Verein dich mit dem Widerspruch.

Traumland

Im Traum das Land zu erblicken,
das meine Wünsche erfüllt,
will wohl niemals mir glücken.

All mein Wollen vergebens.
Mein Sehnen niemals gestillt.
Ob das ist der Sinn des Lebens?

Die Hoffnung vorwärts mich treibt,
am Ende die Seele zu weiten.
Dass das, was gut ist, auch bleibt.

Wenn letztlich die Träume zerrinnen
im Strom der flüchtigen Zeiten,
werde das Land ich gewinnen.

Hartnäckige Schwärze

Wieso bloß deckt das helle Weiß
nicht all die dunklen Flecke ab?
Was ich auch kratze, bürste, streiche:
Das Schwarz ist wirklich ekelhaft.

Dies alles liefert den Beweis,
dass ich zuviel an Schwärze hab.
Dass das Dunkle endlich weiche,
erstrebe ich mit aller Kraft.

Ich fluche vor mich hin ganz leis.
Die Hoffnung wird mir langsam knapp.
Wünsche, dass die Farbe reiche,
zu tilgen das, was Dunkles schafft.

Was ist wichtig?

Was ist wichtig und was nicht?
Nicht immer die Vernunft nur spricht.
Das Gefühl drängt sich nach vorn.
Es steckt im Herzen wie ein Dorn.

Lässt dich nicht zur Ruhe kommen.
Du siehst die Welt nur noch verschwommen.
Alles dient dem einen Ziel,
welches vorgibt dein Gefühl.

Eitelkeit und Ehrgeiz sprechen.
Alte Konventionen brechen.
Doch ob es gut, das weißt du nicht.
Die Hoffnung ist's, die viel verspricht.

Ob's Herz bekommt, wonach es giert?
Es wird sich zeigen, was draus wird.
Auf das Gewissen kommt es an:
Sagt es ja, war's wohl getan.

Knoten

Nicht zu lösen scheint der Knoten.
Rote Striemen auf der Seele.
Wer zieht wohl an den beiden Enden?
Sich selbst verstricken fest und fester?
Starr die Regungen des Herzens.
Winterlich der leise Schlag.

Aus einst'gem bunten Höhenflug
jäh der Sturz ins dunkle Meer.
Ungeheuer allenthalben
hämisch grinsen ringsumher.
Des Willens Woge Stolzes Rest
an der Erinn'rung Ufer spült.

Die roten Striemen schneiden tiefer.
Das Herz umknotet kann nicht schlagen.
Spürt nicht Freude und nicht Schmerz.
Was einstmals war im Blumengarten,
findet man so leicht nicht mehr.
Nicht zu lösen scheint der Knoten.

Ausweg

Traumverloren sinne ich
so vor mich hin.
Im Traum verloren
habe ich den Sinn.
Was tun mit dem,
was übrig bleibt?
Es einfach tun,
weil sonst nichts übrigbleibt?
Der Ausweg ist verborgen,
doch er ist vorhanden.
Ihn finden und ergreifen,
ihn besitzen und nicht borgen.
Sinnverloren träume ich
so vor mich hin.
Den Sinn verloren.
Den Weg so träumend gehen.
Den Ausweg.
Bis er aus, der Weg.
Ist das der Sinn?

Ziel der Sehnsucht

Auf dem Meer der Gefühle
zieht ein Schiff namens Liebe.
Bedroht durch Wogengewühle
keine Hoffnung mehr bliebe.

Doch das Schiff treiben an
die prallen Segel der Sehnsucht.
Das Herz als Steuermann
sucht eine rettende Bucht.

Wo ist der Hoffnung Strand?
Das Schiff hält sehnend drauf zu.
Es erreicht mit Mühe das Land.
Und das Land, das heißt: Du.

Verwehte Zeit

Dunkel ist die Kraft,
die über Hügel weht.
Der lichte Schein vergeht,
die Zeit dahingerafft.

Wer aufwärts blickt zum Leben,
der kann es nicht ermessen.
Bedroht stets vom Vergessen,
zerstiebt das Weiterstreben.

Es kreisen die Gedanken
nutzlos ohne Ziel.
Flüchten ins Gefühl,
doch scheitern an den Schranken.

Der Dämmertag sinkt nieder.
Ergeben in die Nacht.
Doch hat der Tag gebracht,
was niemals kommt uns wieder.

Lebenskunst

Verändert ist vieles, was einst so vertraut.
Und als ich mich dann in den Spiegel geschaut,
hab ich erkannt, dass auch ich war ein andrer.
Geprägt durch das Leben. Ein einsamer Wandrer.

Wohin es auch immer treiben mich mag,
so leb ich für mich doch bloß für den Tag.
Ich blick nicht zurück voll grimmigem Zorn.
Und schau nicht mit kindischem Eifer nach vorn.

Führt der Weg mich einstens hinaus
ins letzte, kalte und einsame Haus,
so kann ich doch sagen: ich habe gelebt,
den Tag zu genießen nach Kräften gestrebt.

Bloß gerecht

Die Nacht sich breitet aus
am hellen Tag.
Der Blick verliert den Glanz
im schwarzen Mond.
Was gehen will gradaus,
empfängt den Schlag.
Die Welt ein Mummenschanz,
die Böses lohnt.

Die krausen Sonnenstrahlen
nebeldicht.
Die Herzen kalt und leer.
Gefühle krumm.
Am Himmel stehen Zahlen,
voll Gewicht.
Worte drücken schwer.
Erleiden stumm.

Vergehen wird das Leben.
Was ist gut?
Wird einer widerstehen?
Was ist schlecht?
Den Blick mit Kraft erheben.
Neuer Mut.
Siegen? Untergehen?
Bloß sei's gerecht.

Wenn

Wenn im Winter Frühling wär,
dann wär der Winter nicht so schwer.
Wenn der Sommer ewig währte,
man den Winter mehr begehrte.

Wenn dies wäre und das nicht,
wär das Leben ein Gedicht.
Doch meistens ist es umgekehrt,
was die meisten arg beschwert.

Und wenn erst dies vorüber ist,
und das andre man vergisst,
wenn was Bestimmtes erst gekommen,
dann das Leben wird uns frommen.

Doch es wird dir niemals glücken,
all die Wenns hinweg zu rücken.
Eines steht dir stets im Wege.
Drum ernstens ich ans Herz dir lege:

Wart nicht zu lange auf das Glück.
Es ist ja da im Augenblick.
Vergiss das Wenn, sieh auf das Ist.
Sonst bist du tot, eh du's ermisst.

Verzweifelte Hoffnung

Es raunte der launische Wind ihm ein zärtliches Lied.
Von Sehnsucht nach ihr und Liebe im nächtlichen Hain.
Von Küssen und Kosen so innig im Mondenschein.
Wie wollte er gern, dass dies ihm wirklich geschieht!

Doch die Inniggeliebte ihn bisher stets mied.
Wie ist er traurig, so einsam und ganz allein.
Doch trotzdem er hofft, es würde nicht immer so sein.
Es ihn vor Liebe gar mächtig hin zu ihr zieht.

Weist sie ihn weiter zurück, dann wird er dran sterben.
Soll er mutig es wagen, um sie zu werben?
Oder muss er sie fortan nur lieben von fern?

Er will seine Liebe ihr offen und ehrlich gestehen.
Hoffend, auch sie möcht ihn lieben und mit ihm gehen.
Dass sie für immer und ewig nur ihm mög gehör'n.

Kurskorrektur

Die Tränen vergeudet.
Verloren der Sinn.
Wohin?
Wohin gehen?
Kein Verstehen.
Das Los nicht gedeutet.

Verzweifelt gewendet.
Den Kurs korrigiert.
Was ist passiert?
Das Lachen gefunden.
Geheilt all die Wunden.
Kein Leben verschwendet.

Aufforderung

Verträumtest du den Wonnemond?
Hast du kein Mädchen dir gefunden?
In dir doch auch die Sehnsucht wohnt
und schlägt dir abgrundtiefe Wunden.

So zögre nicht und pflück die Blüte,
die lächelnd winkt dir zu im Wind.
Sie zu zerbrechen dich wohl hüte.
Küss und lieb sie nur geschwind!

Niemand weiß

Niemand weiß, niemand weiß,
wie es geht, wie es geht.
Doch alle sagen, alle sagen,
es wär besser, wäre besser,
wenn man's macht, dass man's macht,
anders halt, ganz anders halt.

Doch dann kommt er, dann kommt er,
und er sagt: Halt! Einfach: Halt!
Alles Unsinn, alles Unsinn,
das geht so, es geht doch so.
Und er befiehlt, er befiehlt,
so wird's gemacht, so wird's gemacht!

Dann tun sie es, sie tun es.
Doch nichts passiert, nichts passiert.
Es müsste doch, müsste doch,
er jetzt schreit, er jetzt schreit.
Ihr seid schuld, nur ihr seid schuld.
Doch niemand weiß, niemand weiß …

der faden der ariadne

gestern
schien der weg
dir ganz klar
schnurgerade
und breit

heute
steckst du
mitten
im labyrinth
des lebens

finde den faden
der ariadne
er führt
dich ins
morgen

Unruhe

Abschied vom Meer.
Das hat schon wer geschrieben.
Abschied vom Meer.
Wärst gerne noch geblieben.

Das Sehnen währt ewig.
Die Unruh' treibt dich fort.
Das Sehnen währt ewig.
Du treibst von Ort zu Ort.

Ruhe zu finden.
Am letzten aller Tage.
Ruhe zu finden.
Ob's hält, das ist die Frage.

Unvergesslich

Im hellen Sonnenschein
warb das stolze Schloss.
Ich wagt' mich nicht hinein,
was mich sehr verdross.

Ich wollt' so gern ergründen,
was es in sich barg.
In seinem Innern finden,
was groß war und was karg.

Hätt' lockend mich empfangen,
dieser üpp'ge Ort.
Wir könnten Glück erlangen
und Freude immerfort.

Doch alles blieb ein Traum.
Geheimnisvoll und fern.
Vergessen werd ich's kaum.
Vor Sehnsucht mich verzehrn.

Ermunterung

Die Stürme heulen in der Nacht.
Sie tosen um das Haus.
Du bist so sehr auf dich bedacht.
Und wagst dich nicht hinaus.

Als die Stürme endlich schliefen
und still war's weit und breit,
der Sonne Strahlen dich wohl riefen.
Doch warst du nicht bereit.

Lern zu trotzen Sturmestosen.
Folg der Sonne Schein.
Dann pflücke lächelnd rote Rosen.
Ganz für dich allein.

Wieso?

Wieso ziehen die Wolken stets drüber hin?
Wo doch die Sonne eben noch schien.
Wieso verlässt die Wärme uns bald?
Und umhüllt der Frost das Herz bitterkalt?

Warum bloß dauert nicht ewig das Glück?
Wieso kehrt stets das Übel zurück?
Wann kann die Seele sich endlich befreien?
Und wie kann das Herz sich immerfort freuen?

„Ewige Freude ertrügest du nicht",
voll Sanftmut und Güte der Weise da spricht.
„Denn Freude erblüht dir erst aus der Not.
Wie das Übel dem Guten die Grundlage bot.

Schien immer die Sonne, du achtest sie kaum.
Auch nicht den immer blühenden Baum.
Erst der Gegensatz lässt dich erkennen,
was der Mensch das Glück pflegt zu nennen."

In weiter Ferne

In weiter Ferne liegt das Tal,
wo ich einstmals war zu Haus.
Der Weg heraus war rauh und schmal.
Doch hielt ich dort es nicht mehr aus.

Ich sah nicht, dass das Gras so grün,
die Blumen bunter blühten dort.
Über blaueren Himmel die Wolken ziehn,
als hier an diesem grauen Ort.

Was ich wollte, hab ich nun.
Das Leben hier ist prickelnd grell.
Hab keine Zeit, mich auszuruhn.
Und sie vergeht auch viel zu schnell.

Doch in meine Träume dringen
immer öfter süße Lieder,
die mir zum Bewusstsein bringen,
wie sehr dies Leben hält mich nieder.

Die Sehnsucht nächtens heiß erwacht.
Nach der Heimat und nach der,
die einst ich um das Glück gebracht.
Wie liegt's mir auf der Seele schwer!

In weiter Ferne liegt das Tal,
wo ich einstmals war zu Haus.
Der Weg zurück ist rauh und schmal.
Doch halt ich hier es nicht mehr aus!

Blumenliebe

Lockend strahlen
deine Veilchenaugen.
Ich möcht an deinen
Rosenlippen saugen.

Und du liebst
die starken Sonnenrosen.
Willst ihr freches
Köpfchen zärtlich kosen.

Wenn ich seh
die Knospen nelkenrot,
gerat ich völlig
hilflos aus dem Lot.

Wie sehr wir lieben
all den Nektar süß!
Im siebenten Himmel
er uns schwelgen ließ.

Gar steil hinauf
uns die Lust da trieb.
Denn wahrscheinlich
sind wir blumenlieb.

Versunkene Sonne

Wie lang' ist es her,
dass wir im Sonnenschein lagen?
Vom endlosen Meer
unsrer Gefühle getragen.

Wie schlugen doch hoch
der Leidenschaft stürmische Wogen!
Erinnre mich noch.
Doch du hast mich schmählich betrogen.

Vergaßt deinen Schwur.
Verleugnest die Küsse so heiß.
Ist's deine Natur,
zu geben dem nächsten dich preis?

Die Sonne versunken
im dunklen Wogengewühle.
Das Vertrauen ertrunken
im tückischen Meer der Gefühle.

Vergessen ist schwer.
Ich muss es wahrscheinlich ertragen.
Ist nicht lange her,
dass wir im Sonnenschein lagen!

Ewige Erkenntnis

Verliere dich dort,
wo die Gedanken dir fliegen.
Meide den Ort,
wo die Ideen stets schwiegen.

Des Genius Hand
schafft dir lichtvolle Regung.
Herz und Verstand
befunden in ein'ger Bewegung.

Es mög dich durchdringen
in Klarheit seliges Denken.
Des Herzens Ringen
soll ew'ge Erkenntnis dir schenken.

Angst

Du schiebst die Angst weit weg von dir.
Willst nichts fühlen und nichts denken.
Das Schlechte schnell nur von dir lenken.
Doch nützt es nichts. Denn sie bleibt hier.

Versteckt sich bloß für eine Weile.
Lauert boshaft hinter Lachen.
Du kannst nicht viel dagegen machen.
Denn sie kommt wieder ohne Eile.

Du stehst da, ganz nackt und bloß.
Hast dich wohl zu früh gefreut.
Und dich von ihr noch nicht befreit.
Sie springt dich an erbarmungslos.

Packt dein Herz und will's zerreißen.
Wappne dich und fasse Mut!
Bekämpft mit Wasser man die Glut,
so kann dein Schild nur Glauben heißen.

Es ist nicht leicht, ihn zu erringen.
Bist auch nicht immer stark und klug.
Doch meist der Wille scheint genug.
Mit der Zeit wird es gelingen.

Dann liegt die Angst vor dir geknebelt.
Zischt nur hin und wieder leis.
Sie zu fesseln kostet Schweiß.
Doch ihre Macht ist ausgehebelt.

Entkommen

Es weht der Klang von Blütenduft
in mein stilles Zimmer.
Wie sehr mich auch die Sehnsucht ruft,
sie bleibt ein Wahn für immer.

Von ferne sehen das Sonnengold
der Gnade scheint genug.
Doch die Phantasie trägt hold
der Seele Höhenflug.

Es verfließt in höh'ren Sphären
mein kleines, stilles Zimmer.
Ich schau herab auf mein Begehren.
Lass es zurück für immer.

Fragen

Hinanzusteigen, geduldig, stumm,
die steile Mühe bis zuletzt?
Ungeachtet des Warum?
Klarheit würde sehr geschätzt.

Es hat wohl alles seinen Sinn.
Ihn zu kennen hilfreich wäre.
Denn sonst taumelt man dahin
am Rand des Abgrunds und der Leere.

So fragst du weiterhin: Warum?
Zu wissen hätte gut getan.
Doch das Geschick bleibt weiter stumm.
Vielleicht erfährt man's. Fragt sich, wann.

Es wär so gut

Es wär so gut,
wenn die grauen Nebel
nicht das Herz erdrückten.
Es wär so gut,
wenn die dunklen Taten
nicht das Ziel verrückten.
Es wär so gut,
wenn Liebe und Verständnis
freudig uns entzückten.

Ein neuer Weg

Senkt der Herbst sich silbern nieder
auf das Jahr und auf dein Haupt,
denkst du an den Frühling wieder,
den du ewig hast geglaubt.

Das Jahr wird bald sich neu beleben.
Nach des Winters eis'gem Tod
wird es sich frühlingshaft erheben.
Doch winkt auch dir ein Morgenrot?

In die Stille hingesunken
neues Sein sich zart bereitet.
Es regt sich sanft dein Lebensfunken.
Dein Weg sich lockend vor dir weitet.

Traumverloren

Traumverloren tief in blauer Nacht
bin ich plötzlich aufgewacht.
Wohin ist sie, die eben noch bei mir?
Ihren Kuss ich sanft noch spür.

Von meines Zimmers Schwärze fest umfangen
sinne ich mit leisem Bangen,
ob wir uns jemals werden wiedersehen.
Kann mein Traum erneut erstehen?

Das Gefühl hält innig mich umstrickt,
seit ich im Traume sie erblickt.
Muss wohl die letzte Schwelle überwinden,
will ich mein Glück je wiederfinden.

Bevor es draußen hell wird

Komm, sieh mir in die Augen
und tanz mit mir,
bevor es draußen hell wird.

Erkenn die Lieb' in meinen Augen.
Lass uns gehen,
bevor es draußen hell wird.

Lies ganz tief in meinen Augen
mein Begehren.
So komm, bevor es hell wird.

Jetzt schließe zärtlich deine Augen,
gib dich mir.
Bevor es draußen hell wird.

Späte Liebe

Als ich durch die Felder streifte,
die wogten sanft im Sonnenschein,
war mein Herz noch froh und leicht.
Als der Wein am Stocke reifte,
fühlte ich mich so allein.
Es hat der Herbst auch mich erreicht.

Als im Nebel ohne Ziel
ich wanderte durchs düstre Land,
hab von fern ich dich gesehen.
Als hell der Schnee vom Himmel fiel,
da hielt ich deine kleine Hand.
Den Rest wir jetzt gemeinsam gehen.

Der Weg hinauf

Ich wanderte so manchen Tag.
Verträumte dunkel jede Nacht.
Wie ich bemühen mich auch mag:
Es hat mich nicht ans Ziel gebracht.

Immer neu muss ich versuchen,
auf den Gipfel zu gelangen.
Teils mit Beten, teils mit Fluchen.
Doch bleibt mit Wolken er verhangen.

So zieh ich weiter durch die Zeit.
Einmal wird zu Ende sein
die Reise durch die Ewigkeit:
Ganz oben stehen im Sonnenschein.

Ersprießliche Stille

In der Welt tönt viel Radau.
Drum vernimmst du nicht genau
der ew'gen Weisheit stilles Schwingen.
Dafür dich leere Laute fingen.
Weil du stets dich selbst betörst.

Auch wenn dir stolze Güter winken,
wird dein Mut stets weiter sinken
in der Tollheit um dich her.
Du selber machst es dir zu schwer:
Da du auf das Falsche schwörst.

In der Äonen Ewigkeit
liegt für dich so viel bereit.
Alle Weisheit, alles Wissen
lässt der Geist dir dort erspießen.
Wenn in der Stille du drauf hörst.

Im Licht vereint

Der dichte Nebel ist geschwunden.
Hell der Sonne Schein uns strahlt.
Verheilt sind alle unsre Wunden,
mit denen bitter wir bezahlt.

Wir trafen uns an diesem Ort.
Verzeihend und voll Hochgefühl.
Erneuert wird das Liebeswort.
Vereint voll Glück an unserm Ziel.

Gemeinsam schreiten durch das Licht.
In eine Zukunft ohne Zeit.
Unser Glück nie mehr zerbricht.
Wir sind nun eins, obwohl zu zweit.

Wolkengleich

Ich will den weißen Wolken nach,
die am blauen Zelte fliegen.
Zurück lass ich mein Ungemach
und im Winde sanft mich wiegen.

Hinunter schau ich auf die Welt
und erfreu mich meines Lebens.
Da brauch ich weder Gut noch Geld.
Bin am Ende allen Strebens.

Wenn ich, dem Dunstgebilde gleich,
weit über festen Stoff erhaben,
halt Ausschau nach dem lichten Reich,
kann ich mein altes Sein begraben.

Doch plötzlich stehen die Wolken still.
Zieh'n nicht mehr weiter durch die Zeit.
Ich kann nicht machen, was ich will,
obwohl mein Herz vor Sehnsucht schreit.

Der Traum gebar den Wunsch in mir.
Die Kraft muss erst ich noch erwerben.
Der Sonne zu, eh ich erfrier.
Wolkengleich kann ich dann sterben.

Unterpfand

Vergangen ist alles, was einst dich bewegt.
Doch wirkt es in dir noch für längere Zeit.
Den Grundstein dafür hast einst du gelegt,
was heute dir hält dein Schicksal bereit.

Zu ändern ist nichts, was früher gewesen.
Was heute du tust, ist die Basis für morgen.
Das Schicksal ist nicht in den Sternen zu lesen.
Doch kannst für eine gute Zukunft du sorgen.

Man kann den Problemen nicht immer entfliehn.
Sie bilden ein ständiges, blutrotes Band.
Doch hast du getan, was gut dir erschien,
so hast du im Himmel ein Unterpfand.

Ratschlag

Denk nicht an das, was dich traurig macht.
Es ist viel besser, wenn dein Herz lacht.
Nicht leicht ist es, nur das Schöne zu sehen.
Doch wenn du es übst, dann wird es bald gehen.

Und hast du einmal was Dummes getan,
dann denk nicht immer und ewig daran.
Du wirst versuchen, es besser zu machen
und deinen dummen Fehler belachen.

Immer geht es ein Stückchen weiter.
Der kleinste Fortschritt stimme dich heiter.
Alles könnte viel schlechter doch sein.
Drum such dich deines Lebens zu freu'n.

Abgetan

Ja, ein bisschen tut's immer noch weh!
Aber einmal taut doch jeglicher Schnee.
In heiterer Sonne geht es voran.
Die leidvolle Zeit einfach abgetan.

Was du jetzt treibst, das ist mir egal.
Du gleichst einem Märchen: es war einmal.
Doch hab ich mich nicht blindlings verrannt.
Die Erinnerung hab ich einfach verbrannt.

Ganz schnell, eh mich die Sache gereut,
hab ich die Asche im Winde verstreut.
Einige Tränen zum Erdboden fielen.
Was muss der Wind mit dem Staube auch spielen!

Ewiger Kreislauf

Ein kleiner Funke tritt aus der Nacht,
die er im Schlaf zuvor hat verbracht.
Erleuchten kann er die Dunkelheit kaum
und schwebt noch zwischen Wachen und Traum.

Er nährt sich an dem, was ihn umgibt.
Wie ein Herz wächst, wenn man es liebt,
züngelt die Flamme bald mächtig empor,
nicht ahnend, dass sie ihre Unschuld verlor.

Wenn nicht durch Liebe und Weisheit gebannt,
hat sie bald sich im Unmaß verbrannt.
Doch wenn sie bezähmt den zerstörenden Drang,
kann sie voll Segen wirken gar lang.

Am Ende verglüht die nährende Kraft,
ermattet die treibende Leidenschaft.
Die Flamme zum Funken nun wieder wird,
der die Bewusstheit allmählich verliert.

Er bemerkt den hellichten Tag mehr kaum
und schwebt bald wieder zwischen Wachen und Traum.
Der Tag verblasst, den er flammend verbracht.
Erneut tritt der Funke ein in die Nacht.

Erlösung

Ich verlebe den nächtlichen Traum
und verträume den strahlenden Tag.
Suche voll Sehnsucht den grünenden Baum,
der mir reifliche Frucht bringen mag.

Entzünde ein Licht in einem Lampion.
Bunte Schatten dort an der Wand.
Ich lasse ihn frei. Er schwebt rasch davon.
Mir bleibt nur der Rauch in leerer Hand.

Schillernde Seifenblasen, so zart,
blas ich mit Worten leis in die Welt.
Doch die ist für die Gebilde zu hart.
Sehr bald all das Feine hilflos zerschellt.

So such ich meine Empfindung zu leben
und webe Gespinste gar lieblich und fein.
Dem, der sie will, will ich gerne sie geben.
Doch meistens bleib ich mit ihnen allein.

Der Traum umfängt mich am hellichten Tag.
Manchmal mischt sich ein Schatten darein.
Doch weiter mich treibt meines Herzens Schlag.
Bis Tag und Nacht vereint werden sein.

Entwurzelt

Weit entfernt von jeder Stadt
wandre suchend ich dahin.
Wer den Weg verloren hat,
sucht auch meistens nach dem Sinn.

Ist es Wahnsinn, ist es Trug?
Gaukeln Hoffnung sie mir vor?
Ward genarrt ich nicht genug,
als einst die Götter ich beschwor?

Mein Flehen hat sie nicht bewegt.
Kein Gehör mein Wort da fand.
Ich habe seitdem abgelegt,
was zuvor mich an sie band.

Freiheit war fürwahr der Lohn,
den ich empfing aus leeren Händen.
Doch war beladen sie mit Hohn.
Ich ließ mich leider davon blenden.

Wieder nur ein Narrenbild,
das weckt mich aus der Lethargie.
Denn was die Hoffnung zeigt mir wild,
sich erfüllt in Wahrheit nie.

Mit müdem Herzen heimatlos
irr ich weiterhin umher.
Die Sehnsucht ist unsagbar groß.
Doch geh zurück ich nimmermehr.

Stiller Wunsch

Vergessen.
Einfach vergessen.
Nicht in der Dunkelheit wühlen.
Ist es vermessen?
Vermessen?

Entschweben.
Einfach entschweben.
Streben nach höheren Zielen.
Nach freudigem Leben.
Leben!

Erwachen.
Einfach erwachen.
Das Lichte herrlich erfühlen.
Statt Weinen nur Lachen.
Nur Lachen.

Bange Frage

Mein Herz kann nichts mehr fühlen.
Es schlägt nur noch binär.
Man muss es auch nicht kühlen.
Weil Wärme spürt's nicht mehr.

Was ist denn bloß geschehen?
Wo liegt denn der Defekt?
Kann denn jemand sehen,
wo der Fehler steckt?

Auch eingeengt das Denken.
Der Genius weggesperrt.
Kann nicht richtig lenken,
was gedacht gehört.

Kann ich noch zersprengen
die Stricke, die mich binden?
Entfliehen allen Zwängen?
Mich selbst je wiederfinden?

Papierblumenstrauß

Dort, weit draußen am silbernen Rain,
stand ein junges Blümchen so fein.
Obwohl es war noch so winzigklein,
wollte gerne gepflückt es sein.

Es war zwar fein des Blümleins Gesicht.
Doch seine Reize betörten mich nicht.
Die Blume erschien mir einfach zu schlicht.
Ihr Lohn war lediglich bittrer Verzicht.

Eine Rose rot meine Blicke zog an.
Sie lachte und sie lockte mich listig sodann.
Doch als ich hierauf sie zu pflücken begann,
sie stach mich, und meine Hoffnung zerrann.

Was leicht man bekommt, das schlägt man oft aus.
Und das was man will, das macht sich nichts draus.
Wer wohl die Rose trägt sich nach Haus?
Mir bleibt wohl nur ein Papierblumenstrauß.

spiegelfluss

der graue fluss
mein spiegelbild
nebels gruß
flocken wild
eiseshand
todeswind
bizarres land
seelenkind
graues herz
winters kuss
letzter schmerz
spiegelfluss

Ein Stück Paradies

Hingestreckt zwischen ragenden Höhen
die blaue Weite liegt silbern durchwirkt.
In der Brise sich Segel weiß blähen.
Die Inselwelt viele Schönheiten birgt.

Gesäumt sind die Ufer von Blütengewoge
und Palmengezweig im zärtlichen Wind.
Der Frühling am Meer ist wie eine Droge,
der wir mit Freuden verfallen sind.

Der Harmonie sich ganz hinzugeben
scheint nicht für alle das Ziel doch zu sein.
Denn in all unser hoffendes Streben
menschliches Treiben mischt sich hinein.

Es ward das Paradies uns einstens genommen.
Was uns verblieb, ist nicht immer nur schön.
Doch haben wir ein Geschenk bekommen:
Wir dürfen bisweilen ein Stück davon sehn.

Zwiespalt

Grad noch entkommen.
Fast wär es passiert.
Ich hätte genommen,
was mir präsentiert.

Doch dann fiel mir ein,
das ginge doch nicht.
Was würde denn sein,
wenn alles zerbricht?

Was leichthin vertan,
kommt nie mehr zurück.
Und was man gewann,
das brächte kein Glück.

Ein Sieg für die Pflicht.
Mein Herz wird genesen.
Ich wagte es nicht.
Doch schön wär's gewesen.

Das Rosenblatt

Das Rosenblatt verloren
dort in dem dunklen See.
Der ist jetzt zugefroren.
Bedeckt von tiefem Schnee.

O könnt ich wiederfinden
dein rosengleiches Herz!
Ich würde es umwinden
mit Liebe himmelwärts.

Der Winter ist vergangen.
Doch taut mir keine Lieb.
Mich hält das Eis umfangen.
Dein Herz versunken blieb.

Falsche Unschuld

Es liegt vor mir das weite Feld.
Bedeckt von unberührtem Weiß.
Die Unschuld mir ein Lied erzählt.
Mit zarten Tönen, süß und leis.

Doch verborgen liegt darunter
manch Stolperstein voll Hinterlist.
Dein Lächeln, mädchenhaft und munter,
dem Schneefeld völlig ähnlich ist.

Du rührst das Herz mit sanftem Blick.
Der Mann wähnt sich erwählt aus allen.
Doch hier erfüllt sich sein Geschick.
Er tappt in die verborgnen Fallen.

Zugedeckt von Schnee und Eis.
Wer zählt schon ein verlornes Herz?
Das Feld im Tauwind gibt sich preis.
Doch du stillst nie den Liebesschmerz.

Ein anderes Rot

Verloren letztes Rot.
Im Dunkel der Nacht
der Mondsichel Boot.

Winzige Funken
sind langsam erwacht.
Bis sie hell prunken.

Vorbei ist die Not.
Dem Tag hohngelacht,
der nur Mühsal uns bot.

Im Traume versunken.
Die Nacht hat gemacht
uns vor Seligkeit trunken.

Bis wieder uns droht
am Ende der Nacht
ein anderes Rot.

Besser zu zweit

Willst du folgen meinen Schritten?
Musst nicht selbst den Weg dir bahnen.
Du brauchst darum mich nicht zu bitten.
Deinen Wunsch kann ich erahnen.

Kannst auch gehen eigne Wege.
Stolz und frei du würdest sein.
Doch eines ich ans Herz dir lege:
Du wärst ganz einsam und allein.

Drum geh mit mir für alle Zeit.
Ich liebe dich und helfe dir.
Leichter geht es doch zu zweit.
Gib deine Liebe mir dafür.

Bange Erwartung

Rot die Sonne senkt sich nieder.
Von dunklen Wolken eingehüllt.
Leise kommt der Abend wieder.
Bald die Nacht mein Herz erfüllt.

Aufs Neu macht Einsamkeit sich breit.
Du bist nicht hier, wie sehn' ich mich.
Der Liebe Rot ist jetzt so weit.
Der helle Schein so jäh verblich.

Wenn das Morgenlicht erscheint
am Wolkenhimmel meiner Seele,
die Hoffnung zaghaft sich vereint
mit dem Wunsch, dass ich dir fehle.

So gehen bang die Tage hin.
Ich warte sehnsuchtsvoll auf dich.
Seit du gingst, kein Licht mir schien.
Doch kommst du wieder sicherlich.

Tränensterne

Unzählige Sterne
tränengleich
in blauer Ferne.
All mein Sehnen
überreich
zerfließt in Tränen.

Sie steigen auf
zum dunklen Zelt
in mächt'gem Lauf.
Das größte Licht
der Himmelswelt
zu mir jetzt spricht:

Ich soll nicht weinen.
Denn mein Herz
wird sich vereinen.
Die Liebste finden
einst ohne Schmerz.
Sich ewig binden.

Zerrissen

Zwischen Himmel und Hölle.
Lachen und Weinen.
Sein und Scheinen.
Unterwegs mit der Welle.

Oben und unten.
Zerrissen im Herzen.
Tränenreich scherzen.
Niemals gesunden.

Menschliches Sein.
Das Spektrum erfüllen.
Gefühlvoller Willen.
Gemeinsam allein.

Das Ende als Anfang.
Der Anfang vom Ende.
Hoffen auf Wende.
Ein Leben lang.

Jetzt

Es war eine schönere Zeit.
Im Rückblick scheint sie oft gut.
Und ist noch gar nicht so weit.

Empfand ich sie gestern als schön?
Schaut' ich nach vorne mit Mut?
Konnt' ich den Augenblick sehn?

Die Einsicht verschloss sich mir eben.
Grad', wie sie's heute noch tut.
Ich will draus was lernen fürs Leben.

Will sein für alles bereit.
Entzünden die innere Glut.
Denn jetzt ist die schönere Zeit.

Neubeginn

Befrei dich mutig vom Eise, mein Herz!
Sprenge den Panzer, es ist ja schon März!
Kannst ja nicht ewig verharren in Trauer.
Die Kälte war schon von zu langer Dauer.

Freu dich, mein Herz, die Sonne kehrt wieder!
Beende die Klage, stimm an neue Lieder!
Hoffend erfahren die heilende Kraft,
welche erneut volles Leben dir schafft.

Sei dankbar, mein Herz, dass vorbeiging die Not!
Überwunden der Gram und tückische Tod.
Zufrieden und glücklich gehe es weiter.
Von nun an das Leben sei fröhlich und heiter!

irgendwie

keiner weiß
ob's weitergeht
früher mal
ist's auch gegangen
irgendwie

keiner weiß
wie's diesmal kommt
früher mal
ist's auch gekommen
irgendwie

keiner weiß
ob's gibt ein morgen
früher mal
da gab's wohl eins
irgendwie

keiner weiß
ob's gibt das morgen
auch für ihn
ist einmal aus
irgendwie

Staunen

Eine Zeit ist gewesen.
Sie brachte so viel.
War gut und auch schlecht.
Werd nicht mehr genesen.
Und bin wohl am Ziel.
Verfallen dem Recht.

Ich verstehe es nicht.
Grad noch ein Kind.
Und schon heißt es gehen.
Ein Leben der Pflicht?
Es lief zu geschwind.
Wer soll das verstehen?

Eine Zeit wird sein.
Wird gehn ohne mich.
Sind andre gefragt.
Ich bin so allein.
Die Welt verblich.
Meine Seele verzagt.

Ein lichter Gedanke

Ein lichter Gedanke ist mehr wert als Gold.
Du löst dich sogleich aus der Finsternis Sold.
Blumen erblühen, wo sonst ist nur Staub.
Vögel dir singen, wo zuvor du warst taub.

Die Dunkelheit tobt in wildester Wut.
Denn sie hasst alles, was da ist gut.
Am Panzer des Lichts zerschellt ihre Macht.
Preise dich glücklich, dass du bist erwacht.

Zu bewahren den Segen ist wohl nicht leicht.
Doch mit viel Eifer das Ziel wird erreicht.
Trotz' weiter der dunklen und bösen Gefahr.
Dann wird dein Leben, wie einstens es war.

Wortlose Gefühle

Welches Wort kann schon beschreiben,
was mein Herz beständig fühlt?
Wer kann die Unruh' denn vertreiben,
von der mein Inn'res aufgewühlt?

Meine Sehnsucht sprengt den Rahmen,
der meinem Herzen ist gesetzt.
Doch hat sie bloß nur einen Namen:
Ihn trägt die, die mich verletzt'.

All mein Sehnen gilt nur ihr.
Ungeachtet, was geschehen.
Wenn sie kommt zurück zu mir,
wird unsre Liebe neu erstehen.

Und dann kein Wort kann je erklären,
was mein Herz so tief bewegt.
Die Liebe soll uns ewig währen.
Das Glück uns zu den Sternen trägt.

Ins Nirwana geschrieben

Vergängliches Spiel.
Ernst wie der Tod.
Zum zwingenden Ziel
im schwankenden Boot.

Leichtsinn und Spaß.
Unendlich viel Zeit.
Verloren das Maß.
Das Ende noch weit.

Der Abend kommt früh
und ist plötzlich da.
Vergebliche Müh.
Die Nacht ist so nah.

Das Spiel ging vorbei.
Der Ernst ist geblieben.
Verhallt letzter Schrei.
Ins Nirwana geschrieben.

Goldene Schwingen

Gedanken gleiten dahin
auf silbernen Strahlen.
Sie suchen vergebens den Sinn
sich auszumalen.

Was Logik und Denken nicht schaffen,
vermag das Gefühl.
Je mehr die Sinne erschlaffen,
desto näher das Ziel.

Die Augen zu schließen ganz sacht
erweitert die Sicht.
Früher als jemals gedacht
wird es dann licht.

Im Geiste schweben hinan
auf goldenen Schwingen.
Freudig erkennen fortan.
Die Sphären durchdringen.

Zuletzt wird alles gut

Das Siebengestirn glänzt matt herab.
Ins Herz mir kaum ein Funke dringt.
Die Wolken finster wie ein Grab,
das fast alles Licht verschlingt.

Der Nordstern soll die Richtung weisen.
Doch kann ich ihn nur schwach erahnen.
So muss ich durch das Leben reisen.
Ziehen auf unsichtbaren Bahnen.

Bisweilen klart es etwas auf.
Tröstlich weicht zurück der Dunst.
Es schenkt auf meinem stummen Lauf
das Sternenlicht mir seine Gunst.

Ein Abglanz nur der Helligkeit,
die mir am Schluss der Nacht verheißen.
Ich wandre durch die dunkle Zeit.
Zuletzt der Vorhang wird zerreißen.

Gesprengte Ketten

Wenn der reinen Glocken Klänge
künden von der Hohen Zeit,
verlass ich meines Herzens Enge,
bin für das Leben neu bereit.

Die Kargheit hat ein Ende nun.
Gesammelt viel in dunkler Not.
Hinaus, um offen kundzutun,
es gibt für alle Himmelsbrot.

Dann erschallen die Gesänge,
dankbar und voll Fröhlichkeit.
Vorbei sind all die niedern Zwänge.
Für jetzt und alle Ewigkeit.

Weitere Werke von Alfred L. Rosteck

Gesammelte Gedichte
Band 1
BoD 2016, 288 Seiten
ISBN: 978-3-7431-3856-8
eBook: ISBN 978-3-7431-2295-6

Frohe Zeit. Gedichte und
Geschichten um Weihnachten.
BoD 2016, 92 Seiten
ISBN: 978-3-7412-9472-3
eBook: ISBN 978-3-7431-3085-2

Der Menuett-Tänzer
Geschichten über Obsessionen
BoD 2015, 200 Seiten
ISBN: 978-3-7347-8205-3
eBook: ISBN 978-3-7392-8818-5

seelenland
Lyrik, BoD 2014, 92 Seiten
ISBN 978-3-7386-0106-0
eBook: ISBN 978-3-7386-6309-9

des lebens volles maß
Lyrik, BoD 2013, 92 Seiten
ISBN: 978-3-7322-4672-4
eBook: ISBN 978-3-7322-2124-0
Ab 2017 enthalten in:
Gesammelte Gedichte, Band 3

Das Labyrinth und andere
Kurzgeschichten
Edition VaBene 2012, 200 Seiten
ISBN 978-3-85167-267-1

schicksalwärts
Lyrik, BoD 2011, 92 Seiten
Nunmehr enthalten in:
Gesammelte Gedichte, Band 2

Wer spürt die Freude noch?
Gedichte und Geschichten um
Weihnachten
BoD 2010, 108 Seiten
ISBN: 978-3-8391-8112-6
eBook: ISBN 978-3-7322-0965-1

Zwischen Abend und Morgen
Lyrik, BoD 2010, 236 Seiten
ISBN 978-3-8391-5276-8
eBook: ISBN 978-3-7357-7294-7
Ab 2017 enthalten in:
Gesammelte Gedichte, Band 3

Spirale des Lebens
Lyrik, BoD 2009, 92 Seiten
Nunmehr enthalten in:
Gesammelte Gedichte, Band 2

Der alte Mann auf dem Felsen
Novelle, BoD 2008, 96 Seiten
ISBN 978-3-8370-5651-8
eBook: ISBN 978-3-7357-9573-1

Eine Insel in der Zeit
Lyrik, BoD 2008, 92 Seiten
Nunmehr enthalten in:
Gesammelte Gedichte, Band 2

Ewige Reise
Lyrik, BoD 2007, 96 Seiten
Nunmehr enthalten in:
Gesammelte Gedichte, Band 1

Im Sternenschein
Lyrik, BoD 2007, 92 Seiten
Nunmehr enthalten in:
Gesammelte Gedichte, Band 1

Stilles Glück
Lyrik, BoD 2007, 92 Seiten
Nunmehr enthalten in:
Gesammelte Gedichte, Band 1

**Der Mann, der sich in seine
eigene Geschichte verirrte**
Roman, Novum 2007, 250 Seiten
ISBN 978-3-8502-2147-4

Der Schatten deiner Liebe
Lyrik, Novum 2007, 144 Seiten
ISBN 978-3-9025-3664-8